아동·청소년을 위한 수용전념치료 워크북

• 아이, 부모, 교사, 상담사를 위한 쉽고 간편한 ACT 활용서 •

아동 · 청소년을 위한

수용전념치료 워크북

타마르 D. 블랙 지음 | 송승훈, 한송이, 김나희, 김민정, ACT인지행동치료연구회 옮김

하나醫學社

THE ACT WORKBOOK FOR KIDS

Copyright © 2024 by Tamar D. Black

Instant Help Books An Imprint of New Harbinger Publications, Inc.
5720 Shattuck Avenue Oakland, CA 94609
www.newharbinger.com

이 책에 쏟아진 찬사

"이 책은 8세에서 12세 사이의 아동 및 청소년을 위해 특별히 만들어진 놀라운 책입니다. 아이들이 걱정, 슬픔, 분노 같은 강렬한 감정을 다루는 데 도움이 되는 간단하고 실용적인 활동들을 이야기 형식으로 풀어내고 있습니다. 이 워크북은 아동이 혼자서도 사용할 수 있고, 부모님이나 치료사와 함께해도 좋습니다. 아이들이 더 큰 자기 인식과 효율성, 그리고 자기 친절함으로 생각과 감정을 다룰 수 있도록 도와 의미 있는 변화를 만들어줄 것으로 생각합니다. 이 책은 아이들의 발달 과정 전반에 걸쳐, 나아가 그 이후의 삶에도 긍정적이고 깊은 영향을 줄 수 있는 선물이 될 것이라 확신합니다."

- 스티븐 C. 헤이즈(Steven C. Hayes)
심리학자
수용전념치료[ACT] 공동창시자

"『아동 · 청소년을 위한 수용전념치료 워크북』은 저의 가족과 임상 실제를 위해 기다려왔던 많은 분들에게 재미와 유익함을 모두 갖춘 워크북이 될 것입니다!"

- 크리스토퍼 윌라드(Christopher Willard)
심리학자, 하버드 의과대학 교수
『어떻게 아이 마음을 내 마음처럼 자라게 할까』 저자

"어린이와 함께 작업하는 임상가들에게 꼭 필요한 책입니다. 이 책은 실용적이고 접근하기 쉬우며, 시각적으로도 매우 아름답게 디자인되어 있습니다. 워크북에 담긴 다양한 활동들은 아이들이 몰입하여 즐겁게 따라할 수 있도록 구성되어 있어, 그 과정에서 강력한 ACT 기술을 익히고 있다는 사실조차 자연스럽게 잊게 될 정도입니다. 이 책은 아이들이 자신의 감정을 배우고, 마음을 열고 도전 과제를 마주하며, 중요한 일을 해내는 자신의 능력을 신뢰하는 데 큰 도움이 될 거라 생각합니다."

- 리사 W. 코인(Lisa W. Coyne)
하버드 의과대학 교수
『시끄러운 생각들』, 『회피를 멈춰라』 공동저자

"이 재미있는 워크북은 아이들과의 상담 회기를 지원하는 다양한 활동들로 가득합니다. 독자는 재미있고 몰입하기 쉬운 경험을 통해 아이들이 자신의 감정과 생각을 표현하고, 비효과적인 반응과 효과적인 반응을 인식하는 방법을 배울 수 있을 것입니다. 독자가 현장에서 활동하는 전문가라면, 이 워크시트들이 상담 업무에 바로 적용할 수 있을 정도로 실용적이라는 것을 알게 될 것입니다."

- 루이스 L. 헤이즈(Louise L. Hayes)
임상심리학자
DNA-V 공동 창시자
『청소년을 위한 수용전념치료』 공동저자

"이 책은 정말 훌륭합니다! 구성이 정갈하고 삽화도 예뻐서 아이들에게 매우 친근하고 흥미로운 학습 경험을 제공합니다. 아이들은 이 책을 통해 자신의 감정에 대해 알아가고, 무엇이 자신에게 중요한지 스스로 탐색해 나가는 여정을 시작하게 됩니다. 이 책은 자기-자비를 배울 수 있는 멋진 요소도 포함되어 있어, 아이들이 반드시 읽어야 할 필독서입니다!"

- 로빈 D. 월서(Robyn D. Walser)
임상심리학자
『ACT의 심장』, 『분노 관리를 위한 ACT 워크북』 저자

"『아동 · 청소년을 위한 수용전념치료』는 아이들이 즐겁게 읽으며 몰입할 수 있도록 구성된 놀라운 책입니다. 아이들과 치료사들이 꼭 소장해야 할 좋은 필수 도서입니다."

- 벤 세들리(Ben Sedley)
임상심리학자
『짜증나는 것들』 저자

"강한 감정과 생각을 다루는 건 정말 쉽지 않은 일입니다! 이 멋진 책에서 저자는 ACT의 핵심 과정을 재미있고 유익한 활동들로 풀어냈습니다. 이 책은 단순히 읽는 데 그치지 않고, 실제로 직접 참여하고 실습할 수 있도록 설계된 책입니다. 이 책을 접하는 모든 아이들이 큰 도움을 받을 수 있을 겁니다. 정말 강력 추천합니다!"

- 러셀 콜츠(Russell Kolts)
임상심리학자
『임상가를 위한 자비중심치료 가이드북』, 『열린 마음으로 사는 삶』, 『자비중심치료 경험하기』 저자

"이 책은 말 그대로 하나의 보석입니다. 이 책을 보면서 제가 어릴 때 이 책이 얼마나 필요했는지를 새삼 깨닫게 되었습니다. 마음을 따뜻하게 해주고, 읽기 쉽고, 놀랍도록 도움이 되는 책입니다. 아이들뿐만 아니라 치료사, 선생님, 부모님, 그리고 내면의 아이와 연결되길 원하는 모든 분들에게 추천합니다. 변화를 향한 여정을 시작하는 이들에게 탁월한 안내자가 되어줄, 믿을 수 있는 책입니다."

- 리케 켈가드(Rikke Kjelgaard)
심리학자, 작가, ACT 트레이너

"이 워크북은 8세에서 12세 사이의 청소년들과 그 부모님들에게 아주 유용한 도구입니다. 책은 이야기 형식의 사례를 통해 아이들이 어려운 생각, 감정, 그리고 신체감각을 어떻게 다룰 수 있는지 보여줍니다. 독자들은 마음챙김, 지지감 형성, 자기-자비, 그리고 가치 확인을 통해, 자신이 단순한 경험의 수용자를 넘어선 더 큰 존재임을 발견하게 될 것입니다. 예방과 개입에 꼭 필요한 책입니다!"

- 에이미 R. 머렐(Amy R. Murrell)
임상심리학자
『양육의 기쁨』, 『나와 함께 있어줘』, 『베카 앱스 시리즈』 공동저자

“이 책은 정말 보물 상자와도 같습니다. 아이들이 가장 힘든 경험에서조차 배울 수 있고 이해할 수 있도록 도와주는 재미있고 몰입도 높은 활동들이 풍부하게 담겨 있습니다. 이 책은 마치 인터랙티브 게임처럼 창의적이고 강력하며 재미있습니다.”

– 자니나 스칼렛(Janina Scarlet)
임상심리학자
루즈벨트 인권상 수상자(새로운 치료법 창시 및 정신건강 교육 공로)
『슈퍼히어로 테라피』 저자

“아이들이 감정을 더 잘 이해하고 관리할 수 있도록 돕는 귀중한 워크북입니다. 부모님, 교사, 그리고 치료사들에게 중요한 자료가 될 이 책은 부드럽고 창의적인 지침을 제공하여 아이들이 더 회복력 있고 자기 인식을 높일 수 있도록 장려합니다. 8세에서 12세 사이의 아이들과 그 보호자들에게 꼭 추천하는 도구입니다.”

– 메이비스 차이(Mavis Tsai)
임상심리학자
기능분석적 심리치료[FAP] 공동창시자
알아차림, 용기와 사랑 글로벌 프로젝트 설립자

이 책을 저와 함께 작업하는

과거, 현재, 그리고 미래의

모든 아이들과 부모님들께 바칩니다.

여러분의 삶의 여정 일부에 저를 초대해주시고,

성장 과정에 동참할 수 있게 해주셔서 감사드립니다.

목차

추천의 글

심리학자 타마르 선생님이 이 책을 집필한다는 소식을 들었을 때, 정말 기뻤습니다! 사실, 그녀가 이런 책을 써주길 오래전부터 바라고 있었습니다. 2022년에 타마르는 상담사와 치료사를 위한 훌륭한 교재 『아동 · 청소년을 위한 수용전념치료』를 출간한 바 있습니다. 그리고 이번에 나온 이 워크북은 그 책과 완벽하게 짝을 이루는 멋진 책입니다.

우리에게 이런 책이 꼭 필요합니다. 왜냐하면, 현실적으로 사회는 아이들에게 읽기, 쓰기, 수학을 가르치는 데 큰 중요성을 두면서도, 정작 힘든 감정을 다루는 방법이나 진정으로 소중한 일을 해내는 법 같은 삶의 필수적인 기술은 제대로 가르쳐주지 않기 때문입니다.

그래서 이 책은 더욱 특별합니다. 비록 '수용전념치료[ACT]'라는 심리치료 기법을 기반으로 하고 있지만, 반드시 상담을 받는 아이들만을 위한 책은 아닙니다. 모든 아이들은 어려움을 겪기 때문에, 따라서 이 책은 우리를 위한 책입니다. 모든 아이들이 실패, 실망, 거절을 경험하며, 슬픔, 분노, 불안 같은 감정을 느낍니다. 그리고 모든 아이들이 '난 충분하지 않아'라는 스스로를 판단하는 생각을 합니다.

이런 불가피한 삶의 어려움을 효과적으로 다루는 법을 일찍 배울수록, 더 나은 삶을 살아갈 수 있습니다. 그리고 이 책이 바로 그 길을 안내해 줄 것입니다. 이 책의 활동들은 쉽고, 재미있고, 실용적입니다. 혼자서도 할 수 있고, 부모님이나 상담사와 함께할 수도 있습니다. 책을 따라가다 보면, 정말로 삶을 바꿀 수 있는 소중한 기술을 자연스레 익히게 될 것입니다.

✓ 어려움을 이겨내는 법

✓ 두려움을 마주하는 법

✓ 도전에 맞서는 법

✓ 실망을 극복하는 법

✓ 스스로를 따뜻하게 보듬는 법

✓ 진짜로 중요한 것이 무엇인지 찾는 법

✓ 힘든 감정과 생각을 현명하게 다루는 법 등 이 모든 것들을 배우게 될 것입니다!

이 책을 읽는 아이가 당신의 자녀든, 상담을 받는 내담자든, 그 아이는 이 책과 함께라면 안전하고 효과적인 손을 맞잡고 있는 셈입니다. 자, 이제 그 여정을 함께 즐겨봅시다!

- 러스 해리스

『트라우마 초점 심리치료 ACT』, 『행복 전환 연습』 저자

감사의 글

저는 쿨린Kulin 국가의 분어룽Boonwurrung족 사람들을 제가 이 책을 집필하고 거주하며, 일해 온 이 땅의 전통적인 소유자이자 관리자로서 인정합니다. 저는 그들의 과거와 현재 그리고 미래의 원로들에게 경의를 표하며, 이 땅과 그들의 지속적인 관계를 인정하고 지지할 것입니다.

뉴하빙거New Harbinger 출판사 팀과, 특히 이 책을 집필할 수 있도록 초청해 주시고, 열정과 지도, 지원 및 도움을 아끼지 않은 테실리아 하나우어Tesilya Hanauer, 그리고 케일럽 벡위드Caleb Beckwith에게 감사를 전합니다. 또한 프리랜서 편집자 엘리자베스 도허티Elizabeth Dougherty의 모든 도움에도 진심으로 감사드립니다.

저의 가장 친한 친구이자 남편인 개빈Gavin의 사랑과 격려, 아낌없는 지원에 감사를 전합니다. 항상 저를 응원해 주는 우리 아이들 세라Sara와 아리엘라Ariella에게도 고마운 마음을 전합니다. 그리고 무조건적인 사랑으로 제 꿈을 향해 나아갈 수 있도록 늘 격려와 지지를 해주신 부모님 루스Ruth와 데이비드David, 두 분께 감사드립니다.

역자 서문

제가 수용전념치료[ACT]를 만난 것이 치료자로서의 삶에서 정말 큰 행운이었다고 여러 번 말한 바 있습니다. ACT를 성인이 아닌 아동 · 청소년에게도 활용해 보면서 그 효과에 깊이 감탄하게 되었습니다. 2022년부터는 학교상담사 슈퍼비전, 교육청 위센터와 청소년상담복지센터 상담사들을 대상으로 ACT 교육을 하면서 많은 선생님들을 만나왔습니다. 그 과정에서 어린이들을 위한 도구 부족에 대한 갈증을 여러 번 경청했고, 저 또한 이에 공감해 왔습니다.

타마르의 책 『아동 · 청소년을 위한 수용전념치료』를 접했을 때, 반가운 마음으로 가치전념하며 이를 소개하며 함께 배우고 나누는 시간을 가졌습니다. 타마르 박사는 후속으로 간편하게 활용할 수 있는 워크북을 추가로 출간했습니다. 역서 제안을 받자마자 기쁜 마음으로 수락하고 스터디 자료를 바탕으로 출간 작업을 진행했습니다. 저자가 이 책을 통해 자신의 지혜를 아낌없이 나눠 준 것에 감사하며, 배움과 통합하는 과정에서 큰 기쁨을 느꼈습니다. 이 책은 ACT를 쉽고 친근하게 안내하며, 아이들이 다루기 어려워하는 감정을 효과적으로 대처하도록 돕습니다. 직접 체험하지 않으면 사용하기 어려운 심리적 기법들을 쉽고 재미있고 창의적인 활동으로 구성하여 제공하고 있으며, 부모, 교사, 상담사들이 아이들을 효과적으로 도울 수 있도록 실질적인 방법을 제시하고 있습니다.

저는 치료자인 저 자신에게, 그리고 저의 두 아이에게 이 책의 내용을 직접 적용해 보았습니다. 또한 연구회 선생님들과 함께 연구하고, 내담자에게 활용하며 효과를 실제로 확인할 수 있었습니다. 아이들을 존중하고, 비효과적인 방식으로 억지로 씨름하지 않는 태도가 아이들의 회피행동을 줄이고 삶의 만족도를 높이는 데 큰 도움이 된다는 것을 실감할 수 있었습니다. 이 책은 아동 · 청소년을 위한 책입니다. 그들이 직접 읽고 쉽게 참여하도록 구성되어 스스로에게 도움이 될 것입니다. 그렇지만, 이 책을 이해하고 활용하는 정도는 각 아이들의 발달단계, 인지적 자원에 따라 다를 수 있습니다. 부모, 교사, 상담사, 심리학자 등의 도움을 받아 함께 작업하고 체험한다면 아이들에게 큰 도움이 될 것입니다.

출간을 앞두고 항상 감사한 분들이 떠오릅니다. 출간까지 아낌없는 지원을 해주신 하나의학사 대표님 및 임직원분들께 감사를 전합니다. ACT와 함께하도록 씨앗을 심어 주신 문현미 선생님, 이 책에 참여한 역자진, ACTA, 그리고 익스턴십 선생님들께도 감사드립니다. 특히, 작업하면서 아이의 관점이 필요할 때, 용어와 표현이 적절한지 묻는 아빠의 끊임없는 질문을 기꺼이 받아주고, 참신한 의견과 피드백을 준 두 아이와 가족에게도 감사의 마음을 보냅니다. 그리고 참 치유자의 본을 보여주시는 주님과 보이는 곳에서든, 보이지 않는 곳에서든 도움 주신 많은 분들께 깊은 감사를 드립니다.

급변의 중심에 있으며, 경쟁과 트라우마가 만연한 한국에서 ACT의 마음챙김으로 대표되는 유연성 요인과 그 철학은 훌륭한 해독제 역할을 할 수 있다고 생각합니다. 바꿀 수 없는 문제와 씨름하기보다는, 이를 수용하고, 가치와 관련된 행동으로 나아가도록 돕는 것은 삶의 질과 적응력을 높이는 강력한 방법입니다. 인간과 시스템은 완벽할 수 없지만, 과학적으로 검증된 강력한 도구는 내담자 개인은 물론 사회 맥락에 안정과 치유, 성장을 가져올 수 있다고 생각합니다. 삶에서 겪는 자연스러운 고통을 개인의 몫이 아닌 공동체가 분담하고, 우리 사회가 심리적 유연성과 자비심이 강조되는 문화를 발전시켜 나가기를 바랍니다. 이 책이 어린이의 마음건강과 행복 증진에 작은 도움이 되기를 소망합니다. 자, 이제 우리 아이들과 함께 수용전념치료의 지혜를 체험하는 여정을 시작해 볼까요?

2025년 2월

ACT인지행동치료연구소에서

대표 역자 **송승훈**

부모님과 전문가 선생님들께 보내는 편지

안녕하세요, 저는 호주의 심리학자 타마르 블랙입니다. 20년 이상 학교 심리학자로 일해왔으며, 개인 상담실에서도 일한 경험이 있습니다. 저는 아동, 청소년, 부모들과 함께 치료 작업을 합니다. 저는 인지행동치료[CBT]의 한 형태인 수용전념치료[ACT]에 대한 전문 지식을 가지고 있으며, 5~12세 사이의 아이들을 대상으로 하는 교사, 부모, 치료자를 위한 책『아동·청소년을 위한 수용전념치료ACT for Treating Children』를 집필한 바 있습니다. 이 워크북은 8세에서 12세의 사이의 아이들이 경험하는 걱정, 슬픔, 분노를 비롯하여 그 외의 강한 생각과 감정을 다룰 수 있도록 돕는 책입니다. 부모나 치료자가 함께 연습한다면, 힘든 감정에 시달리는 어린 아동에게도 도움이 될 수 있습니다. 여러분은 마리아Maria, 에이든Aiyden, 지아Jia라는 가상의 세 아이를 만나 그들의 여정을 따라가며, 이 아이들이 어떻게 ACT를 사용하여 스스로를 도울 수 있는지를 배우게 될 것입니다.

아이들이 이 책에 있는 모든 활동을 반드시 다 할 필요는 없습니다. 아이들이 몇 가지 연습을 선택하게 도울 수도 있고, 아동이 스스로 결정할 수도 있습니다. 연령에 따라 철자 읽기, 쓰기를 도와야 할 수 있으며, 여러분의 직접적인 도움이 필요한 만들기 활동도 있습니다. 책 전체를 처음부터 끝까지 한꺼번에 다 읽는 것은 권장하지 않습니다. 매주 두세 가지 활동을 시도해 보길 권합니다. 아이들이 일상 생활에서 기법을 더 많이 연습할수록, 배운 내용을 더 많이 사용하게 되어 생각과 감정을 다루는 데 도움이 될 것입니다.

여러분이 치료자라면, 이 책을 아이들과 사용하기 위해 ACT에 대한 사전 교육이나 지식이 반드시 필요한 것은 아닙니다. 저의 다른 저서인『아동·청소년을 위한 수용전념치료ACT for Treating Children』를 먼저 읽고 이 책을 보조 자료로 사용하는 것을 추천합니다. 이 책의 활동들을 아이들과의 치료 회기에 사용할 수 있고, 일부는 아이들이 혼자서 또는 부모의 도움 아래 진행할 수 있는 보너스 활동[1)]으로도 사용할 수 있습니다.

끝까지 읽어주셔서 감사합니다.

심리학자 **타마르 올림**

1) 회기에서 했던 연습을 회기와 회기 사이의 기간 동안 가정에서 할 수 있도록 내주는 과제를 말합니다. 저자는 『아동 · 청소년을 위한 수용전념치료』에서 학교에서 내주는 부정적 의미의 숙제(homework)를 떠올리지 않도록, 이를 보너스 활동(home task)이라 명명했습니다(역자 주).

아이들에게 보내는 편지

안녕하세요! 제 이름은 타마르이고, 아이들의 마음을 도와주는 사람이에요. 저는 사람들과 이야기하면서 생각이나 감정을 잘 다룰 수 있게 도와주려고 노력하는 아동심리학자랍니다. 어떤 아이들은 저를 '말로 치료하는 의사 선생님'이라고 부르기도 해요. 저는 학교랑 병원에서 20년 넘게 일했어요. 그리고 부모님들이 아이들의 마음을 잘 이해할 수 있도록 돕고 있어요.

저는 걱정하고, 슬프고, 화가 나는 것처럼 강한 감정에 도움이 되는 8세에서 12세 어린이를 위한 워크북을 만들었어요. 이 책은 혼자 읽을 수도 있고, 부모님이나 다른 어른과 함께 읽어도 좋아요. 여러분이 스스로를 돕기 위해 할 수 있는 활동들을 가르쳐 주려고 해요. 지금 당장 힘든 감정이 없더라도, 언제든지 해볼 수 있어요. 이 책에서 여러분은 마리아, 에이든, 지아라는 세 친구를 만나게 될 거예요. 이 친구들은 자신의 생각과 감정에 대해 어떻게 해야 할 지를 배우는 아이들이에요.

이 책에 나오는 활동들은 여러분에게 생각과 감정을 다루는 다양한 방법을 가르쳐 줄 거예요. 이것은 여러분이 걱정하고, 슬프고, 화가 나거나, 다른 감정을 느낄 때도 스스로를 돕는 데 도움이 될 수 있어요. 일주일에 두세 번 정도 연습해 보세요. 연습을 많이 할수록 생각과 감정에 도움이 필요할 때 배운 것을 능숙하게 사용할 수 있을 거예요.

잘 읽어줘서 고마워요.

세상에서 소중한 ____________ 에게

타마르 드림

1장

생각과 감정 다루기

여러분의 마음mind[2)]은 종종 많은 생각을 하느라 아주 바빠요. 또한 마음에는 불안, 슬픔 등 많은 감정이 함께 있죠. 때로는 생각과 감정이 매우 강하게 느껴지기도 해요. 이 책에서는 여러분의 생각과 감정을 다루는 방법들을 배워볼 거예요. 하지만 기법을 배우기에 앞서서, 우리를 도와줄 세 친구를 소개하려고 해요.

---

2) Mind는 '마음'이라 번역하고 있습니다. 마음은 생각 혹은 자동적으로 떠오르는 것으로 우리 행동을 지배하려는 면이 있습니다. 마음에는 마음챙김이나 초인지, 감정 등이 포함될 수 있고, ACT의 맥락에서는 Mind를 다양한 심리적 기능을 포괄하는 '마음'과 구분하여, 자동화된 사고로서 거리두기의 대상으로 좁게 사용하는 경향이 있습니다. 그러나 이 책에서는 감정, 생각을 포함하는 행동에 영향을 주는, 다소 거칠면서도 섬세한 내적 경험들을 하나의 범주로 보고, 다독이고 다뤄야 할 다양한 대상으로 보고 있습니다(역자 주).

마리아, 에이든, 지아를 소개합니다

마리아, 에이든, 그리고 지아는 스스로 생각과 감정을 다루는 데 어려움을 겪었어요. 하지만 시간이 지나며 걱정, 슬픔, 분노 같은 강한 감정을 다루는 새로운 방법을 배우게 되었어요. 이제 그들은 집, 학교, 백화점, 생일 파티, 체육 시간, 친구네 집 등 다양한 곳에서 이 방법들을 사용하고 있답니다.

자, 이제 마리아, 에이든, 그리고 지아를 만나볼까요?

마리아, 12살

마리아는 걱정이 많았어요. 종종 마리아의 마음은 머릿속에서 '뭔가 나쁜일이 일어날거야'라고 속삭이곤 했어요. 마리아는 마음이 말하는 것을 모두 믿었기 때문에, 그 말에 큰 영향을 받았어요. 마리아는 학교, 친구 집, 병원, 대형마트 같은 장소에 가는 것이 걱정되었고, 심지어 가족과 함께 여행을 가는 것조차도 걱정했어요. 걱정이 많을 때는 집 밖에 나가는 것 자체가 싫어졌어요. 그녀의 부모님은 마리아와 오빠 조니를 즐거운 곳으로 데려가고 싶어 했지만, 마리아는 너무 많은 걱정 때문에 따라가고 싶지 않아 했어요. 마리아는 학교에 가지 못하고, 친구들과 즐겁게 놀지 못하는 것에 대해 슬퍼했지요. 친구들처럼 자신도 학교에 가고, 다른 곳에 자유롭게 갈 수 있기를 바라고 있어요.

에이든, 10살

에이든은 부모님이 집안일을 도와달라고 부탁할 때면 자주 짜증이 나고 화가 났어요. 선생님

이 숙제를 보여달라고 하거나, 학교에서 친구들이 자신이 원하는 대로 하지 않을 때도 같은 감정을 느꼈지요. 에이든이 짜증과 화가 날 때면, 몸은 매우 뜨거워지고 배가 꽉 조이는 느낌이 들었어요. 그럴 때면 소리를 지르거나 울곤하고, 가끔은 벽을 발로 차거나 문을 세게 닫기도 했어요. 집에서는 부모님과 자주 말다툼을 했고, 여동생 마리는 에이든의 까칠함이 부담되고 무서워 함께 놀고 싶어 하지 않았어요. 학교에서도 비슷한 이유로 아이들은 에이든과 놀고 싶어 하지 않았어요. 게임에서 지기라도 하면 에이든이 소리칠까 봐 걱정했기 때문이죠. 또한, 에이든은 시끄러운 곳에서도 짜증이 나고 화가 났고, 교실이나 집이 매우 조용하길 바랬어요. 무엇보다 에이든은 평소 아무도 자신의 생각과 감정을 이해하지 못한다고 느꼈고, 그로 인해 아주 외로웠지요.

지아, 8살

지아의 가족은 지아가 네 살이 되었을 때 강아지를 입양했어요. 지아는 그 강아지에게 스카우트라는 이름을 지어주었고, 스카우트를 정말 많이 사랑했습니다. 그녀는 스카우트의 털을 빗겨주고, 목욕시키고, 먹이를 주었고, 공원에 데려가는 걸 좋아했어요. 그런데 스카우트가 어느 날 갑작스럽게 아프게 되었고, 결국 세상을 떠나고 말았어요. 지아는 매우 슬펐고 스카우트가 많이 보고 싶었어요. 학교에 가거나 친구 집에 있을 때 스카우트 생각이 나서 울게 될까 봐 자주 걱정했어요. 그래서 지아는 스카우트를 잊으려고 무척 애를 썼지만, 아무리 노력해도 스카우트 생각이 계속 떠올랐지요. 지아는 자신의 생각과 감정을 어떻게 해야 할지 몰랐어요. 친구들과 놀거나 친구 집에 가는 것도 힘들었어요, 왜냐하면 지아의 마음이 계속해서 스카우트에 대해 생각하고 있었기 때문이죠.

활동 1 도움받고 싶은 감정들

아래와 다음 페이지에 나오는 감정들을 살펴보고, 어떤 감정들에 대해 도움을 받고 싶은지 생각해 보세요. 이 감정들은 여러분이 걱정되거나, 슬프거나, 화가 날 때 나타날 수 있어요. 빈칸 안에 도움을 받고 싶은 다른 감정들의 이름을 적어도 좋아요. **선택한 감정들을 동그라미 치거나, 해당 모양 안에 원하는 색깔로 색을 칠해 보아요.**

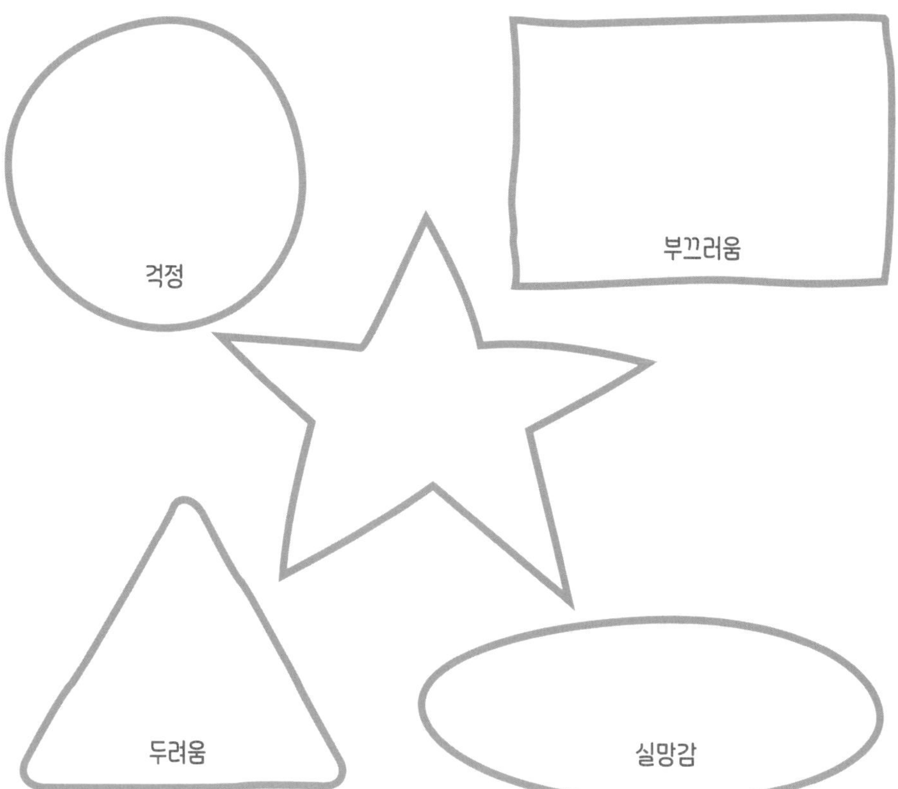

짜증
예민함
질투심
슬픔
화
죄책감

활동2 신경 쓰이는 감정을 재는 자(감정의 자)

가끔 감정이 아주 강하게 느껴질 때가 있어요. 걱정되거나, 슬프거나, 화가 날 때, 자신에게 이렇게 물어보는 것이 도움이 돼요. 여러분이 걱정하거나, 슬퍼하거나, 화가 나는 이 일에 얼마나 신경을 쓰고 있나 생각해 보면, 자신의 감정을 더 잘 이해하고 표현할 수 있게 돼요. 그리고 이를 통해 감정에 어떻게 반응을 할지, 반응하지 않을지를 선택하는 데 도움이 될 수도 있어요. 우리는 감정이 강하게 밀려와도, 아예 반응하지 않거나, 조금만 반응하기로 선택할 수 있어요.

이 활동에서는 '감정의 자'를 사용해, 내가 어떤 것에 얼마나 신경을 쓰는지 측정해 볼 거예요. 이를 통해 그 일이 걱정되거나, 슬퍼하거나, 화가 날 만큼 중요한지 판단하는 데 도움이 될 수 있어요. 또, 스스로를 진정시키는 데도 도움을 줄 수 있어요. 예를 들어 볼게요. 오늘 자전거 타는 것을 기대하고 있었는데, 자전거 타이어에 펑크가 난 걸 발견했어요. 자전거 가게도 문을 닫았죠. 너무 화가 나서 소리치고 싶을지도 몰라요. 하지만 여러분이 자전거 타기를 너무 좋아하기 때문에 지금 자전거를 못 타서 실망한 거라고 스스로에게 말하면서 마음을 진정시킬 수 있어요. 그리고 부모님이 곧 타이어를 고쳐주실 거라고 기대해 볼 수 있어요.

아래 감정을 재는 자에는 0에서 10까지 숫자가 있어요.

- 숫자 0은 신경이 쓰이지만 그리 중요하지 않은 것을 나타내요.
  예) 오늘 날씨가 따뜻하다.
- 숫자 10은 가장 중요하게 생각하는 것을 나타내요. 만약 그런 일이 발생하면 매우 걱정하거나, 슬프거나, 화가 날 수 있어요.
  예) 스키 캠프를 정말 기대하고 있었는데, 여행 전날 다리가 부러져서 가지 못하게 되었다.

숫자를 사용하여 여러분이 얼마나 걱정하거나, 슬프거나, 화가 났는지 측정해 보세요. 숫자가 커질수록 하트도 점점 커져요. 이 하트는 여러분이 얼마나 신경 쓰는지를 나타내줘요. 하트가 클수록 그 느낌을 더 많이 느끼고 신경 신경 쓰인다는 뜻이에요.

걱정 상황 상상하기

- 여러분이 매우 걱정되는 느낌의 상황을 상상해 보세요. **그 상황을 숫자 10 아래에 적어보세요.**
- 전혀 걱정되지 않을 것 같은 상황을 생각해 보세요. **그 상황을 숫자 0 아래에 적어보세요.**

슬픈 상황 상상하기

- 여러분이 매우 슬픈 느낌이 드는 상황을 상상해 보세요. **그 상황을 숫자 10 아래에 적어보세요.**
- 전혀 슬프지 않을 것 같은 상황을 생각해 보세요. **그 상황을 숫자 0 아래에 적어보세요.**

화가 나는 상황 상상하기

- 여러분이 매우 화가 날 것 같은 상황을 상상해 보세요. **그 상황을 숫자 10 아래에 적어보세요.**
- 전혀 화가 나지 않을 것 같은 상황을 생각해 보세요. **그 상황을 숫자 0 아래에 적어보세요.**

활동3 생각과 감정은 언제 나타날까요?

자신의 생각과 감정이 언제 나타나는지 아는 것은, 어떻게 느낄지 미리 준비하는 데 도움이 돼요. 그러면 스스로를 도울 방법도 알 수 있어요. 이번 활동에서는 걱정, 화, 슬픔을 느끼게 하는 상황에 대해 생각해 보고, 더 많은 세부사항을 적어볼 거예요. 제가 예시를 하나 써보았어요.

- 다음 페이지 표의 '상황' 칸에, 여러분을 걱정하거나 슬프게 하거나 화나게 만드는 상황을 적어보세요.
- 다음 세 개의 칸에는 그 상황이 발생하는 장소, 여러분의 마음이 어떤 생각을 하는지, 그리고 여러분이 어떤 감정이 드는지를 적어보세요.
- 활동 2에서 사용한 '신경이 쓰이는 정도'와 관련한 '감정의 자'를 다시 참고해 보세요. 거기서 10을 매긴 것들은 여러분이 아주 중요하게 생각하는 일들이에요. 만약 그런 일이 생기면, 여러분은 매우 걱정하거나 슬프거나 화가 날 거예요. 마지막 칸에서는 0에서 10 사이의 숫자를 적어보세요. 그런 일이 여러분에게 얼마나 중요한지를 보여주는 숫자를 선택하세요.

상황	어디에서 일어 났나요	내 마음은 무슨 생각을 하나요	어떤 느낌이 드나요	'감정의 자' 점수
내가 좋아하는 TV프로를 오늘 밤에는 못 본다.	집	TV를 발로 차고 싶다.	화가 난다.	4점

활동 4 신체-감정 지도

걱정이 될 때는 배가 뻐근하게 느껴질 수 있어요. 슬플 때는 울 수 있고, 화가 날 때는 얼굴, 귀, 목, 그리고 몸 전체가 뜨거워지는 것처럼 느껴질 수 있어요. 사람마다 감정에 따라 몸이 반응하는 방식이 다양하다는 것을 꼭 기억하세요.

이제 나의 감정이 몸의 어디에서 나타나는지 알아보는 연습을 해 보도록 해요.

신체-감정 지도 만들기

시작하기 전에, 부모님께 나의 사진을 잘라서 이 페이지에 붙여도 되는지, 혹은 부모님이 사진을 인쇄해 주실 수 있는지 물어보세요. 단, 작업할 사진은 온몸이 보이는 것이어야 해요. 만약 사진이 없다면, 자신의 모습을 여러분이 직접 그려도 괜찮아요.

준비물

- 몸 전체가 보이는 자기 사진
- 풀 또는 테이프
- 색연필(크레파스), 펜, 연필 등

만드는 방법

- 사진에서 배경을 잘라내고, 오직 나의 몸만 남도록 해 보세요. 사진을 자르기가 어려우면 부모님이나 선생님에게 도움을 요청해도 좋아요.
- 사진을 그림 틀 안에 풀이나 테이프를 사용해서 붙이세요.
- 걱정되거나, 슬프거나, 화가 날 때 몸의 어느 부분에서 그런 감정이 느껴지는지 생각해 보세요. 그리고 그 감정을 해당 부위 옆에 적어보세요.
- 걱정되거나, 슬프거나, 화가 날 때, 이 부위들을 진정시킬 수 있는 방법은 무엇일까요? 그 방법을 감정 옆에 적어보세요.
- 걱정되거나, 슬프거나, 화가 날 때, 이 신체-감정 지도를 보며 감정이 내 몸 어디에서 나타나는지 기억해 보세요.

활동 5 내 감정은 어떻게 생겼을까요?

여러분이 최근에 가장 강하게 파도처럼 느낀 걱정, 슬픔, 화 등의 감정을 생각해 보세요. 이제 그 감정을 눈으로 볼 수 있다면 어떤 모습일지 상상해 보세요. 자, 상상해볼까요? 그 감정이 크기가 큰가요, 작나요? 크기가 얼만한가요? 그 감정은 어떤 색인가요? 그 감정에 어떤 이름을 붙일 수 있을까요?

걱정되거나, 슬프거나, 화가 날 때, 그 감정을 눈앞에 그려보듯 상상해 보세요. 그리고 그 감정에 이름을 붙여보세요. 이렇게 하면 감정을 더 잘 이해할 수 있습니다. 그 감정이 더 이상 처음보다 그렇게 강하게 느껴지지 않을 수도 있어요.

다음 페이지에 그 감정을 그리거나 색칠해 보세요. 그리고 그 위에 그 감정의 이름을 적어보세요.

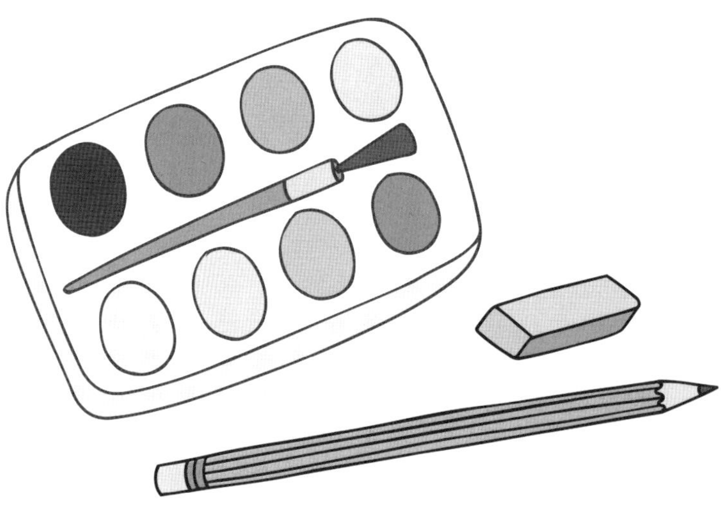

2장

'그대로 두기'와 '내려놓기'

우리의 상황이 때로는 생각했던 것과 다른 방식으로 진행될 때가 있죠. 이런 경험을 한 적이 있었나요? 햇볕이 내리쬐고 하늘은 파란 아침이었어요. 점심시간에 학교에서 운동을 할 계획이었죠. 하지만 점심 직전에 하늘은 어둡고 커다란 먹구름으로 가득 찼습니다. 결국 점심시간 내내 비가 내려 실내에만 있어야 했어요.

이처럼 상황이 어떻게 될지 항상 알 수는 없지만, 괜찮아요.

이제 '그대로 두기'와 '내려놓기'를 사용하여 생각과 감정을 다루는 방법을 배울 거예요. 생각과 감정을 있는 그대로 두고 내려놓을 때, 생각과 감정은 더 이상 강력하지 않게 돼요. 이것은 여러분이 더욱 강해지도록 도와줄 수 있답니다.

그대로 두기

'그대로 두기'는 생각과 감정을 가지고 아무것도 하지 않는 것을 의미해요. 생각과 감정을 없애려 하거나, 다른 것을 생각하려고 애쓰지 않는 것이에요. 대신 생각과 감정을 그냥 그 자리에 두는 거예요. '그대로 두기'는 종종 생각과 감정 다루기를 시작하기에 좋은 출발점이 된답니다.

에이든의 그대로 두기

에이든은 소음이 심한 곳을 걱정했고, 그것에 대해 생각하지 않으려고 매우 열심히 노력했어요. 하지만 노력을 하면 할수록 그의 마음에는 걱정이 더 커졌죠. 에이든은 걱정 대신 저녁 식사나 애완 기니피그와 노는 것과 같은 다른 것들에 대해 생각하려고 애썼어요. 하지만 소음에 대한 걱정은 사라지지 않았지요. 에이든은 정말 화가 났어요. 짜증도 몰려왔고요.

그 후, 에이든은 자신의 생각을 그대로 두는 법을 배우게 되었어요. 마음이 소음에 대해 생각하더라도, 그냥 내버려 두기로 했어요. 에이든은 생각과 감정을 그대로 두는 연습을 매일 했어요. 자신의 마음에게 무언가를 생각하지 말라고 말하는 것을 멈추었어요. 오히려 이제는, 마음이 원하는 걸 마음껏 생각해도 된다고 말해줬어요. 에이든은 더 이상 자신의 생각을 없애려고 애쓰지 않았어요. 막상 자신의 생각을 그대로 두었을 때, 에이든에게는 아무런 일도 일어나지 않았어요. 그의 생각은 그를 해치지 않았답니다.

팁

생각과 감정을 없애려고 노력하면, 오히려 생각과 감정은 더 많은 힘을 갖게 돼요. 집, 학교 또는 다른 곳에 있을 때, 그것을 없애려고 하는 대신 생각과 감정을 그대로 두는 연습을 해 보세요.

내려놓기

생각이 정말 강하게 느껴질 때는, 마치 생각이 여러분에게 달라붙어 있는 것처럼 느껴질 수 있어요. '내려놓기'를 하면, 생각은 그저 생각일 뿐, 생각이 항상 사실이 아니라는 것을 알게 돼요. 마음이 말하는 모든 생각을 믿을 필요는 없어요. 이렇게 하면 부정적 생각이 약해진답니다. 내려놓기는 걱정되거나, 슬프거나, 화가 나거나, 다른 강한 감정을 느낄 때 빠르게 지나갈 수 있도록 도와줄 거예요. 또, 생각과 씨름하는 것을 줄이는 데도 도움이 돼요.

마리아의 내려놓기

마리아의 가족은 다음 주에 공원으로 소풍을 가기로 했어요. 하지만 폭풍을 두려워하는 마리아는 비가 올까봐 걱정했어요. 비에 젖거나 추울까 봐 걱정했지요. 비와 폭풍에 대해 생각하지 않으려고 할수록 더 걱정하고 두려워졌어요. 소풍 가는 것을 놓치고 싶지 않았거든요.

하지만 마리아는 생각을 '내려놓는' 법을 배우게 되었어요. 마음이 말하는 모든 것을 믿지 않게 되었습니다. 마리아의 걱정하는 생각은 덜 강력하게 느껴졌어요. 마리아는 소풍을 갈 수 있었고, 비와 폭풍에 대한 걱정하는 마음이 들면, 자신에게 "나는 비가 올지도 모른다는 생각을 하고 있구나"라고 말했어요. 이 방식은 마리아가 소풍을 즐기는 데 도움이 되었어요. 또, 마리아의 마음이 걱정하고 있을 때에도 학교에 가고, 친구 집에 가고, 쇼핑몰에 갈 수 있도록 도와주었어요.

팁

어떤 생각이 들 때, "나는 지금 __________라는 생각을 하고 있어"라고 말해 보세요. 예를 들어, 걱정된다는 생각이 들면 "나는 걱정된다는 생각을 하고 있어"라고 말해 보세요. 또는 "내 마음이 나에게 걱정된다고 말하고 있어"라고 할 수도 있어요.

활동6 '아이스크림'을 생각하지 마세요

이번 활동은 여러분의 마음에 무언가를 생각하지 말라고 했을 때 그것이 가능한지에 대한 실험이에요. 아이스크림에 대해 생각하지 않도록 노력해볼 거예요.

아이스크림 그림을 바라보세요. 자 지금부터는 여러분의 마음속에 원하는 것은 무엇이든 생각해도 좋아요. 하지만 아이스크림은 생각하지 마세요! 여러분이 좋아하는 아이스크림의 맛, 혀에 느껴지는 느낌, 콘이나 컵에 들어 있는 것 중 어떤 걸 좋아하는지에 대해 생각하면 안 돼요.

-1분 경과-

자 어떻게 되었나요? 무엇을 생각했나요? 아이스크림에 대해 생각하지 않을 수 있었나요? 저는 솔직히 그렇게 못 했어요. 제 마음은 아이스크림이 녹아서 콘에 뚝뚝 떨어지는 것을 계속 생각했어요. 여러분은 어땠나요? **아이스크림에 대해 생각하지 않는 것이 쉬웠나요, 아니면 어려웠나요?**

여러분의 경험을 적어보세요.

____

____

____

활동7 생각을 그대로 두기

자, 이제 연습을 해봅시다! 여러분이 그대로 두려고 하는 생각을 몇 가지 떠올려 보세요.

- 다음 페이지 표의 첫 번째 칸에, 자꾸 생각하지 말라고 해도 마음에 떠오르는 몇 가지 생각들을 적으세요.
- 그 오른쪽 칸에는, 그 생각을 떠오르지 않게 하는 게 쉬운지 어려운지 적으세요.
- 그중에서 '그대로 두기' 연습을 하고 싶은 생각을 1~2개 선택하세요. 그 생각을 밝은색 펜으로 색칠하거나 동그라미 쳐보세요.
- 이번 주 동안, 이 생각들을 '그대로 두는' 것을 연습해 보세요.

이 활동은 여러분이 어떤 생각을 그대로 두려고 하는지 다시 기억나도록 도와줄 것입니다.

내가 자꾸 생각하지 말라고 해도 마음에 떠오르는 생각은 무엇인가요?	떠오르지 않게 하는 것이 쉽나요? 어렵나요?

활동 8 생각과 감정을 초대하기

여러분이 걱정되거나, 슬프거나, 화가 나거나, 또는 다른 강한 감정을 느낄 때, 가끔 여러분의 마음은 "기분이 나아질 때까지 집에 있어야 해", "방에 있는 게 좋을 거야"라고 말합니다. 하지만 마음이 말하는 모든 것을 믿다보면, 마음에게 너무 큰 힘을 줘버리게 돼요.

생각과 감정을 없애려고 하는 대신, 그것들이 나와 함께 하도록 환영하고 초대해 보세요. 생각과 감정이 여러분과 손을 잡거나, 옆에서 걷거나, 함께 타고 다닐 수 있다고 상상할 수도 있어요. 이 방식은 여러분이 더 강해질 수 있게 도와줘요. 지아가 슬픈 감정에게 "함께 하자"라고 했을 때 어떤 일이 일어났는지 살펴볼게요.

지아의 이야기

아침에 일어나서 우리집 강아지 스카우트(Scout)가 죽었다는 걸 떠올렸을 때, 나는 너무 슬펐어요. 나는 스카우트가 여전히 뛰어다니며 꼬리를 흔들고 있었으면 좋겠다고 생각했어요. 나는 스카우트를 생각하지 않으려고 애써봤어요. 엄마는 나에게 행복한 일을 생각하라고 했지만, 소용이 없더라고요. 스카우트를 잊으려고 하면 할수록, 나는 더 슬퍼졌거든요! 그때 나는 그 슬픈 감정을 없앨 필요가 없다는 걸 깨닫게 되었어요. 대신, 슬픈 감정에게 "나와 함께 하자"라고 말해 보았죠. 나는 스카우트를 잊으려고 애쓰지 않았고, 학교에 갈 시간이 되었을 때, "자, 슬픔아, 이제 학교에 갈 시간이야"라고 말했어요. 학교에 있을 때, 내 마음이 스카우트를 생각하면서 슬퍼하고 있다고 말해도 난 괜찮았어요. 나는 계속 공부할 수 있었어요.

걱정되고, 슬프고, 화가 나거나 다른 강한 감정을 느낄 때, 여러분의 마음은 여러분에게 무엇을 하라고 말하나요? **아래에 적어 보세요.**

여러분의 생각과 감정에게 초대장을 만들어서, 그들이 여러분과 함께 하도록 초대하세요. 다음 페이지에 있는 초대장을 색칠하거나 스티커를 붙여서 장식해 보세요.

초대합니다

활동9 도움이 되는 행동 선택하기

가끔은 슬플 때 도움이 되지 않는 행동을 할 때도 있어요. 슬플 때 오랜 시간을 혼자 보내면 기분이 더 나빠지기도 해요. 하지만, 때로는 다른 사람들과 시간을 보내거나 좋아하는 일을 하면 기분이 나아질 수 있어요.

이번에는 지아가 슬플 때 한 몇 가지 행동을 살펴볼까요? 어떤 행동은 지아의 기분을 나아지게 도와주었고, 어떤 행동은 지아를 더 슬프게 만들었어요.

아래에서 지아에게 도움이 되었다고 생각하는 행동에 동그라미를 쳐보세요. 정답은 다음 페이지에 있어요. 하지만 이 활동을 마치기 전에는 보지 마세요.

- 슬픔이 사라질 때까지 방에 있었다.
- 오늘도 스카우트가 그립지만, 난 여전히 학교에 갔다.
- 친구들과 지내기엔 너무 슬퍼서 학교 점심시간을 혼자서 보냈다.
- 부모님께 내 기분을 말씀드렸다.
- 스카우트가 생각나서 그림을 그렸다.
- 스카우트의 사진을 모두 갈기갈기 찢었다.
- 선생님께 스카우트가 얼마나 그리운지 말씀드렸다.
- 나는 슬퍼서 친구 집에 가지 않았다.

여러분이 슬플 때 가장 자주 하는 행동은 무엇인가요?

그것은 도움 되는 행동인가요? 아니면 상황을 더 나쁘게 만드나요?

활동 10 생각과 감정에게 인사하기

생각과 감정을 그대로 두기 위한 좋은 방법은, 그들과 친구가 되어 인사하는 거예요. 이렇게 하면 여러분의 생각이 단지 단어(word, 말)일 뿐이라는 것을 알 수 있어요. 그러면 생각들이 조금 약해져요. 생각이 여러분을 좌지우지하게 둘 필요는 없어요. 여러분은 이렇게 말할 수 있습니다.

- "안녕, 걱정아, 다시 만나서 반가워!"
- "안녕, 두려움아, 어떻게 지내?"
- "다시 왔구나, 슬픔아. 머리 예쁘게 했네!"

이제 다음 표에 나열된 생각과 감정들에게 인사하는 방법을 몇 가지 적어 보세요. 이렇게 하면 여러분이 생각과 감정을 그대로 두는 방법을 기억하는 데 도움이 될 거예요. 몇 가지 예가 있으니, 빈칸을 채워보세요.

생각과 감정	인사하는 방법
난 시험을 잘 못 볼거야.	시험을 잘 못 볼거라는 생각아, 안녕?
학교에서 누구랑 놀아야 할지 모르겠어.	학교에서 누구랑 놀아야 할지 모른다는 생각아, 반가워. 네 티셔츠 너무 멋지다!
너무 슬퍼.	안녕, 슬픔아. 다시 만나서 반가워.
너무 무서워.	
울고 싶어.	
너 때문에 너무 화가 나.	
이런 일이 생겨서 너무 화나.	

마리아가 자신의 걱정에게 인사한 방법

이제 마리아가 걱정될 때 어떻게 도움이 되었는지 살펴볼까요?

마리아는 연주회를 위해 피아노 연습을 하고 있었지만, 그녀의 마음은 걱정된다고 말하고 있었어요. 마리아는 "안녕, 걱정아, 다시 만나서 반가워. 보고 싶었어!"라고 말한 다음 킥킥 웃었습니다. 그녀는 실수할지도 모른다고 마음이 말할 때에도 피아노 연습을 계속 했어요. 마리아가 연주회에서 모든 부모님들 앞에서 피아노를 치는 것이 걱정될 때, 그녀는 "안녕, 내 친구 걱정아, 그동안 뭐 하고 있었니?"라고 말했어요. 걱정에게 인사하는 것이 마리아에게 도움이 되었고, 걱정으로 그녀를 괴롭히는 마음의 힘이 약해졌어요. 이 방법은 마리아가 걱정을 덜 느끼는 데에도 도움이 되었어요.

활동 11 반짝이 병 만들기

생각을 그대로 두는 또 다른 방법은 반짝이 병을 사용하는 거예요.

반짝이 병 만드는 방법

반짝이 병을 만들어 생각을 자유롭게 표현하는 방법을 살펴볼게요.

준비물

- 뚜껑이 있는 투명한 작은 플라스틱 병
- 식용 색소(밝은색)
- 주방세제
- 다양한 색상의 굵은 반짝이 모양들(반짝이가 너무 작으면 바닥으로 가라앉지 않아요)

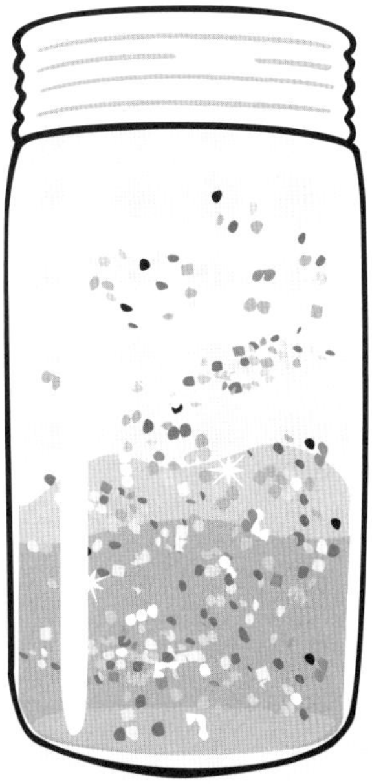

만드는 방법

- 병에 물을 채우고 식용 색소를 한 방울만 넣으세요. 색소가 너무 짙으면 반짝이가 보이지 않게 되니 주의해요. 너무 진하면 물을 거의 다 비우고 다시 맑은 물을 채우세요.
- 주방세제를 한 방울 넣으세요. 이것은 반짝이가 뜨도록 도와줘요.
- 반짝이를 넣으세요.
- 병뚜껑을 단단히 닫으세요.

반짝이 병 사용 방법

‘반짝이’는 여러분의 생각이고, ‘병’은 여러분의 마음과 같아요. **병을 들어서 위아래로 몇 번 흔들어 보세요. 그러고 나서 무슨 일이 일어나는지 지켜보세요.** 병을 흔들면 반짝이가 이리저리 움직이죠. 반짝이가 병 속에서 움직이는 것처럼 마음속에서 많은 생각이 움직이는 것처럼 느껴질 때가 있지 않나요?

이제 병을 내려놓고 가만히 두세요. 반짝이가 어떻게 되는지 지켜보세요. 반짝이는 서서히 바닥에 가라앉을 거예요. 생각도 마찬가지예요. 생각을 알아차리고 그대로 두면 반짝이가 가라앉아 병의 바닥으로 내려가는 것처럼, 여러분의 생각도 진정되고 차분해질 거예요. 병을 그대로 두었을 때처럼요.

팁

‘반짝이 병’ 활동을 하면서 생각을 그대로 두는 연습해 보세요. 병을 흔들어 반짝이가 가라앉는 것을 지켜보거나, 아니면 병을 흔들 때 반짝이가 어떻게 보일지 상상해 볼 수도 있어요. 어느 방법이든, 여러분의 생각이 반짝이처럼 차분하게 가라앉고 있다고 상상해 보세요. 예를 들어, 걱정되거나 슬프거나 화가 날 때, 생각이 자꾸 떠올라 그대로 두기가 어려운 순간이 있죠. 그럴 때 이 방법을 사용해 보면 도움이 될 거예요.

활동 12 휴대폰 문자 보내기

여러분의 생각과 감정을 그대로 두는 연습을 도와주는 활동을 해볼 거예요. 이 활동들은 생각과 감정이 강할 때 할 수 있는 간단한 활동이에요. 생각과 감정을 그대로 두는 한 가지 방법은 그것들을 글로 적는 거예요.

다음 페이지에는 휴대폰 그림이 있어요. **마음이 떠올리는 생각이나 감정을 문자 메시지처럼 화면에 적어 보세요.** 그런 다음 그 단어들을 읽어보세요. 그것은 단지 자음과 모음으로 구성된 단어일 뿐이므로 여러분을 해치지 못해요. 생각과 감정을 적고 나서, 그것이 단지 단어일 뿐이라는 것을 스스로 기억하면 생각과 감정을 그대로 두는 데 도움이 됩니다. 그러면 생각과 감정이 처음보다 그렇게 강하지 않게 느껴질 거예요.

적고 나서 어떤 기분이 들었나요? 그대로 두기가 좀 더 쉬워졌나요?

___

___

___

___

___

___

활동 13 생각에 영화 제목 붙이기

여러분의 인생에 대한 영화를 만들었다고 상상해 보세요. 이 영화에는 여러분의 생각과 감정이 담겨 있을 거예요. 그렇다면 이 영화에 어떤 제목이나 이름을 붙이고 싶나요? 예를 들면, 마리아는 자신의 영화를 '걱정하는 소녀'라고 이름 지었어요. **이제 여러분의 영화 제목을 영화 화면에 적어 보세요.**

영화 제목을 적었다면, 마치 영화 예고편을 녹음하는 것처럼 영화 제목을 소리 내어 말해 보세요. **영화에 대해 어떤 이야기를 더 해주고 싶나요?** 더 분명하게 상상하기 위해서 화면에 영화의 한 장면을 그려도 좋아요.

____

____

____

____

____

____

생각과 감정을 다루기 어렵거나, 감정이 강하게 느껴질 때, 그 생각과 감정을 담은 영화가 있다면 어떤 제목이나 이름을 붙일지 생각해 보세요. 제목이나 이름을 적은 뒤, "여기에 ________ 라는 영화가 있어"라고 말해 보세요. 예를 들어, "여기에 '걱정하는 소녀'라는 영화가 있어"라고 말할 수 있죠. 이렇게 하면 생각과 감정에 압도당하는 느낌이 줄어들 거예요.

활동 14 관람차 상상하기

생각과 감정을 관람차에 있는 각각의 칸처럼 알아차리는 것은, 그것을 다루는 데 도움이 될 수 있어요. 생각과 감정을 없애려고 애쓸 필요는 없어요. 그냥 있는 그대로 두면 됩니다.

다양한 색의 칸들이 있는 관람차를 보고 있다고 상상해 보세요. 예를 들어 빨간 칸, 파란 칸, 그다음에는 은색 칸이 보일 수 있어요. 각각의 칸을 알아차려 보세요. 다른 생각이 떠오르면 다시 관람차를 보고 칸들을 알아차리는 것으로 마음을 돌려 보세요. 이 활동을 할 때 눈을 감고 해볼 수도 있어요.

이 활동은 어땠나요? 마음이 다른 것을 생각했다면, 다시 마음을 관람차로 돌리고 각각의 칸을 알아차릴 수 있었나요?

관람차 그림 속 각 칸에 각각의 생각을 하나씩 적어 보세요. 그리고 그 생각을 떠올리게 하는 색깔로 칠하거나 꾸며 보세요.

이제 그림과 칸에 적은 생각을 살펴보세요. 적어놓은 생각을 보면서, 이러한 생각을 없애려고 하지 말고, 그저 그것들을 알아차려 보세요.

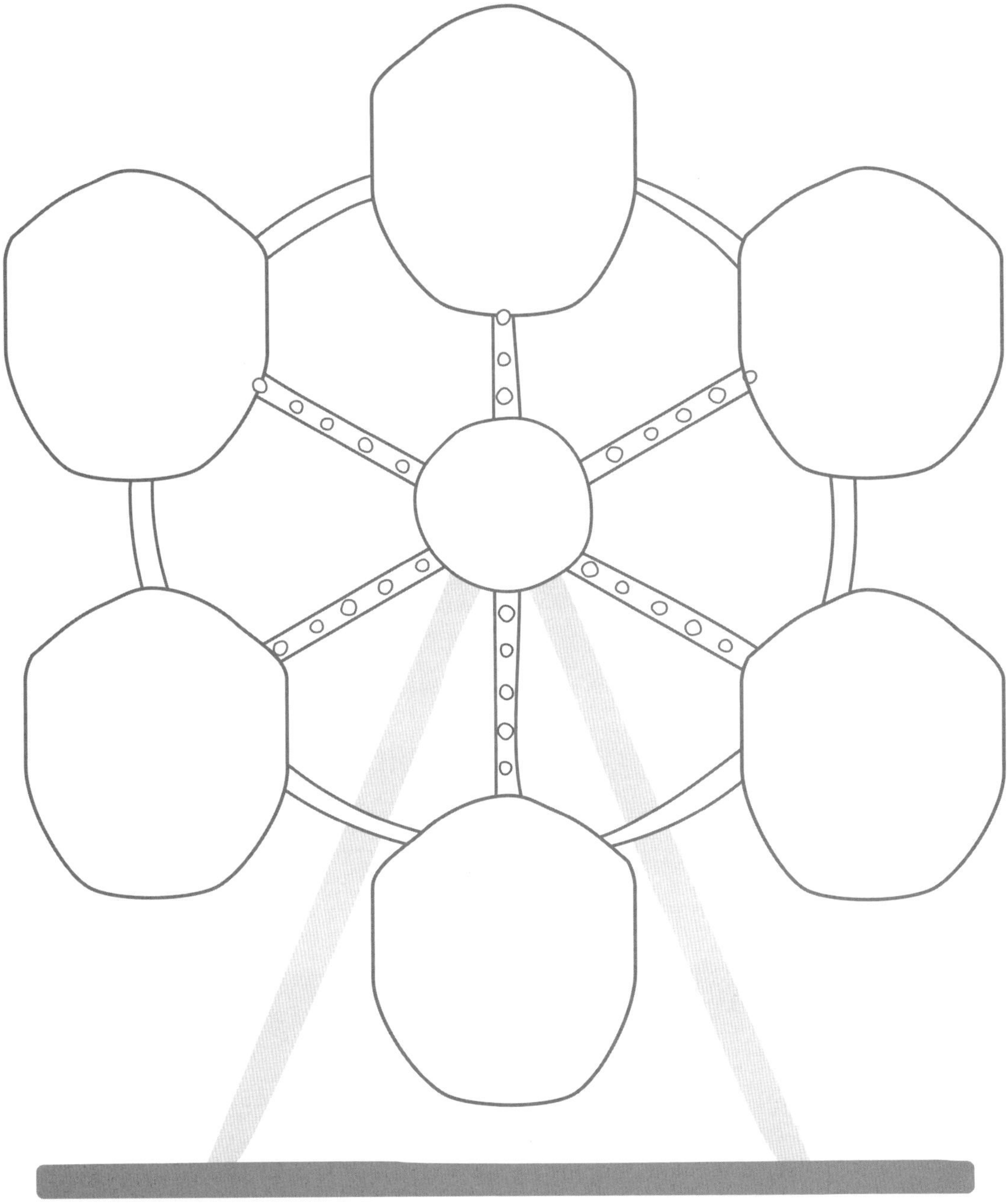

활동 15 생각을 노래로 부르기

생각과 감정을 노래로 부르는 것은 그것들을 놓아두고 흘려보내는 데 도움이 될 수 있어요.

좋아하는 노래를 떠올려 보세요. 그 노래의 멜로디에 맞춰 생각과 감정 중 일부를 큰소리로 노래해 보세요. 이 활동을 어른과 함께하고 있다면, 같이 해 보세요.

예를 들어, 에이든은 좋아하는 노래의 멜로디에 맞춰 이렇게 노래했어요. “안녕, 분노야. 넌 내가 소음을 싫어한다고 말하지. 그리고 나는 ‘분노야, 오늘 기분이 어때?’라고 이야기해.” 에이든은 이 노래를 부르고 많이 웃었어요. 이제 집에서나 학교에서 소리치고 싶은 기분이 들 때, 이 노래를 조용히 불러요.

아래 빈 칸에 여러분이 만든 노래의 가사를 적어보세요.

활동16 비눗방울 불기

이제 비눗방울 불기가 어떻게 생각을 그대로 두고 놓아줄 수 있는지 살펴볼게요.

비눗방울 불기의 재미

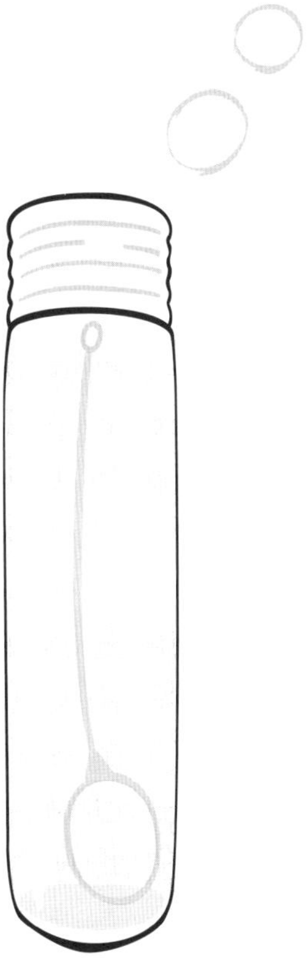

비눗방울 불기는 제가 가장 좋아하는 활동 중 하나에요. 이 연습을 부모님과 함께할 수도 있고, 가족들과 함께할 수도 있고, 혼자 할 수도 있어요. 밖에서 비눗방울을 불면, 바람에 날리는 비눗방울을 볼 수 있어요. 이 활동은 실내에서도 할 수 있어요.

준비물

• 작은 비눗방울 병

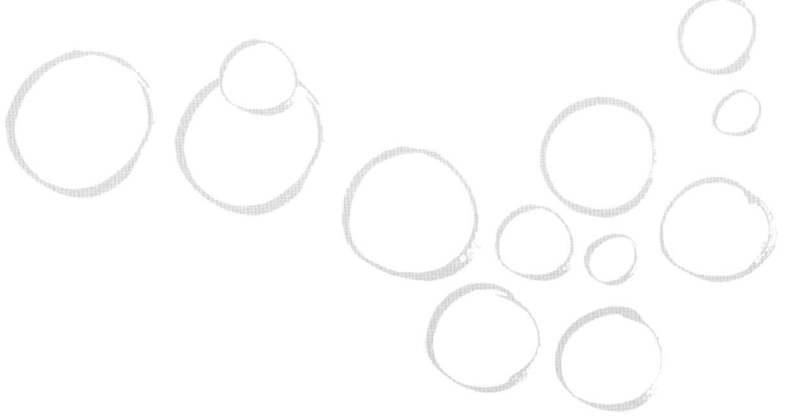

만드는 방법

- 마음이 무슨 말을 하고 있는지 알아차려 보세요. 한 가지 생각을 소리 내어 말한 다음, 비눗방울을 한 번 불어 보세요. 비눗방울을 터뜨리려고 하지 말고, 그저 공중에 떠다니는 것을 지켜보세요.
- 다른 사람과 함께 이 활동을 하고 있다면, 번갈아 가며 큰소리로 자신의 생각을 말한 다음 비눗방울을 한 번 불어 보세요. 활동이 다 끝난 후에는 생각을 알아차리고 그대로 두는 것이 앞으로 여러분에게 어떻게 도움이 될지 생각해 보세요. 생각을 알아차리고 그 생각에 대해 아무것도 하지 않고 그대로 두기를 어렵게 만드는 것이 있나요?
- **만약 비눗방울이 없다면, 여러분의 생각을 다음의 비눗방울 그림에 적어보세요. 그런 다음 눈을 감고 그 생각들이 떠다니는 것을 상상해 보세요.**

기억할 것:

'그대로 두기'와 '내려놓기'

- 생각에 대해 아무것도 하지 말고, 생각을 알아차리기만 하세요.
- 좋아하는 노래의 멜로디에 맞춰 생각과 느낌을 노래해 보세요.
- 여러분의 생각과 감정에게 말을 걸어 보세요. 이렇게 말할 수 있어요.

"마음아, 고마워!"

"걱정아, 안녕!"

"안녕, 생각들아, 나랑 같이 가도 좋아."

"안녕, 슬픔아, 만나서 정말 반가워!"

"분노야, 안녕, 너 오늘 정말 멋져 보여!"

"마음아, 흥미로운 생각을 해줘서 고마워!"

안녕
나의 생각들아!

프린트할 수 있는 자료는 QR코드를 활용하거나 https://libertyactcure.page24.app/board/05d7b2/read?mcode=1314&board_id=159&midx=4에서 확인할 수 있습니다.

3장

'중요한 것 선택하기'와 '중요한 것 하기'

우리는 2장에서 '그대로 두기'와 '내려놓기'에 대해 알아봤어요. 이번에는 '중요한 것 선택하기와 중요한 것 하기'에 대해 배울 거예요. 여러분은 예시를 통해, 마리아, 에이든, 지아가 자기 생각과 감정을 다루기 위해 어떤 방법을 사용했는지 알아볼 수 있을 거예요.

- '중요한 것 선택하기'는 여러분이 정말 중요하다고 생각하는 것을 고르는 거예요.
- '중요한 것 하기'는 여러분이 정말 중요하게 여기는 일을 실제로 하는 거예요. 예를 들면, 저는 아이들을 돕는 것을 아주 중요하게 생각해서, 병원에서 일하면서 아이들이 생각과 감정을 잘 다룰 수 있도록 도와줘요.

생각이나 감정 때문에 여러분이 좋아하는 일을 못하게 되는 경우가 있나요? 예를 들어, 슬플 때 강아지와 놀지 않거나, 악기 연습을 하지 않거나, 부모님께 친구와의 약속을 취소해 달라고 하는 것처럼 말이에요.

여러분은 가장 소중하게 생각하는 것을 선택할 수 있어요. 또 정말로 중요하게 여기는 일을 할 수 있어요. 비록 마음이 걱정되거나 슬프거나 화난다고 말해도, 중요한 것을 해도 안전하다는 걸 알고 있다면 할 수 있어요.

생각이나 감정 때문에 하지 못했던 나에게 중요한 일들을 적어보세요.

마리아는 걱정이 많았어요. 걱정이 생길 때마다 집에 머물렀지요. 그래서 마리아는 학교를 자주 빠지게 됐어요. 마리아의 부모님은 학교에서 좋아하는 게 있는지 물어보셨어요. 마리아는 친구들과 노는 것과 수학 수업을 정말 좋아한다고 말했어요. 이런 것들을 생각하면, 마리아는 걱정이 되더라도 학교에 갈 수 있었어요.

마리아의 이야기

나는 피아노 연주를 정말 좋아했어요. 하지만 연주회가 너무 걱정됐어요. 연주회를 생각할 때마다 내 마음은 "잘 못할 거야"라고 말했어요. 심지어 "사람들이 너의 실수를 보고 비웃을 거야", "넌 피아노를 잘 못 치니까 연주하지 않는게 나아"와 같은 나쁜 말도 했어요. 그 말을 들을수록 무서워졌고, 결국 부모님께 연주회에서 연주하지 않겠다고 말했어요. 그렇지만 연주회에서 연주하는 것에 대해 내가 중요하게 생각하고 있는지 다시 스스로에게 물어봤어요. 부모님과 친구가 연주를 보러 올 예정이었는데 내가 연주하지 않는 일로 친구와 부모님을 실망시키고 싶지 않았어요. 또, 오랫동안 연습해왔기 때문에 연주하고 싶었어요. 그런데도 여전히 무서워서 할 수 없다고 생각했어요. 그러나 결국 내 마음의 말을 꼭 들을 필요는 없었어요! 나는 연주회에서 연주했고, 즐거웠어요. 실수했는지는 모르겠지만 시도했다는 사실이 정말 자랑스러웠고, 나를 방해하는 마음이 나를 이기지 못하게 했다는 게 뿌듯했어요.

활동 17 내가 소중히 여기는 것들

생각과 감정이 강하게 느껴질 때, 마음속에서 "축구 연습에 갈 수 없을 거야"라고 말할 수 있어요. 하지만 축구 연습이 왜 중요한지를 생각해 보면, 축구 연습에 가는 데 도움이 될 거예요.

이제, 아래의 하트 안에 여러분이 중요하게 생각하는 것들을 적어보세요. 작은 하트에는 좋아하는 음식을 먹는 것처럼 덜 중요한 것들을 적고, 큰 하트에는 우리 팀이 경기에서 이기는 것처럼 여러분이 정말 중요하게 여기는 일을 적어보세요.

때로는 생각과 감정이 너무 강해져서, 여러분에게 큰 영향을 줄 수 있어요. 그래서 내가 소중하다고 생각하는 일을 하고 싶지 않거나 자주 하지 않게 될 수도 있어요. 하지만 생각과 감정이 아주 강하게 느껴질 때도, 여러분이 중요하게 여기는 일을 하면 여러분은 더 강해질 수 있어요.

지아의 할머니 댁 방문

지아와 가족들은 할머니의 생신을 맞아 할머니 댁에 가기로 했어요. 지아는 할머니를 위해 카드를 만들었고, 그 카드를 꼭 드리고 싶었어요. 하지만 지아의 강아지 스카우트가 세상을 떠나 지아는 많이 슬프고 강아지가 계속 보고 싶었어요. 지아의 마음은 너무 슬퍼서 "할머니 댁에 갈 수 없어"라고 말했어요. 하지만 할머니 생신에 할머니를 보는 것이 지아에게는 매우 중요했어요. 그래서 마음속에서는 슬프고 즐거운 시간을 보내지 못할 거라고 말하고 있었지만, 지아는 그래도 할머니 댁에 갔어요. 지아가 만든 카드를 받으신 할머니는 아주 기뻐하셨어요. 지아도 할머니를 만나러 간 것이 기뻤어요.

활동 18 마법의 지팡이

여러분의 생각과 감정이 여러분이 중요하게 여기는 일을 하지 못하게 막을 필요는 없어요. 슬프거나 걱정되거나 화가 날 때, 마법의 지팡이를 가지고 있다고 상상해 보세요. 그 지팡이가 여러분이 중요하게 생각하는 일을 하거나 더 자주 할 수 있도록 도와준다고 생각해 보세요.

지금까지 내가 중요하게 생각하는 일을 하지 못하게 만든 생각과 감정을 적어보세요.

생각과 감정 때문에 그만두게 된 일들이 있다면 적어보세요.

이 마법 지팡이 그림을 색칠하고 원하는 대로 꾸며 보세요.

활동 19 중요한 것을 하기 위한 일정표 만들기

걱정, 슬픔, 화 같은 감정이 방해가 되면, 여러분이 소중하게 여기는 일을 하기 어려울 수 있어요. 여러분이 중요하게 생각하는 일을 할 수 있도록 일정표를 만들어 보면 도움이 될 수 있어요. 예를 들어, 강아지를 산책시키거나, 악기를 연주하거나, 가족의 생일을 축하하거나, 밖에서 시간을 보내고 싶을 수 있어요. 그럴 때 하고 싶은 일들을 일정표에 적어두면 그것을 실천할 가능성이 더 높아질 수 있어요. 이렇게 미리 계획을 세우게 되면 스트레스와 압박감을 줄이는 데 도움이 될 거예요.

또한, 새로운 것을 시도해 보고 싶거나 감정 때문에 그만둔 일을 다시 해 보고 싶다면, 그 일도 일정에 넣어보세요. 예를 들어, 새로운 활동을 해 보거나 예전에 중단했던 활동을 다시 시작해 볼 수 있어요.

일요일	월요일	화요일	수요일	목요일	금요일	토요일
	과학전시회	강아지 산책				아빠와 등산
루시의 생일 파티						할머니 댁 방문
심야 영화		댄스오디션	강아지 산책	바이올린 연습		

주간 계획표 작성하기

다음 페이지에 일주일 동안의 일정을 작성할 수 있는 표가 있어요. 부모님께 도움을 요청해서 다른 활동들과 겹치지 않도록 일정을 조정해 볼 수도 있어요. 그리고 원한다면 힘든 순간에도 일정을 지킬 수 있도록 부모님께 도움을 요청하거나 기억할 수 있게 도와달라고 해 보세요.

- 여러분이 중요하게 생각하고, 어떤 기분이 들더라도 꼭 하고 싶은 것들을 계획표에 적어 보세요.
- 그다음, 새로 해 보고 싶은 일이나 기분 때문에 그만두었던 일 중 다시 해 보고 싶은 것을 생각해 보세요. 그런 일들도 일정표에 적어보세요.
- 일정을 작성하면서, 각 활동을 하는 데 방해가 되는 감정들에 대해 생각해 보세요. 그런 감정들을 어떻게 다룰 수 있을까요? 일정표에 그 감정을 다룰 수 있을지 메모를 작성해도 좋아요. 감정이 강하게 느껴질 때도 일정을 따르겠다고 다짐하는 메모도 함께 적어보세요.

팁

자신에게 친절하게 대하고, 며칠에 한 번씩은 여러분이 중요하게 생각하는 일을 하려고 노력해 보세요. 그 일을 할 때 어떤 것이 좋고 즐거운지 스스로에게 상기시켜주세요.

일요일	월요일	화요일	수요일	목요일	금요일	토요일

활동 20 에이든의 선택

에이든은 생각과 감정이 너무 강해서, 마음속에서 떠오르는 모든 것을 믿었어요. 가끔 에이든은 자신에게 도움이 되지 않는 선택을 하기도 했고, 그러면 더 기분이 나빠졌죠. 이제 에이든이 스스로를 돕기 위해 할 수 있는 일이 무엇인지 퀴즈를 통해 알아볼까요?

아래 두 질문에서 에이든에게 가장 도움이 될 것 같은 답을 골라 동그라미를 쳐보세요. 퀴즈를 모두 풀고 나면, 다음 페이지에서 정답을 확인할 수 있어요. 퀴즈를 다 풀기 전까지는 정답을 보지 마세요!

1. 에이든의 반 친구가 실내 암벽 등반장에서 열리는 생일 파티에 에이든을 초대했어요. 에이든은 다른 아이들과 함께 재미있게 놀고 싶어서 파티에 가고 싶지만, 시끄러울까 봐 걱정돼요. 에이든은 어떻게 할 수 있을까요?

   a. 파티가 시끄러울 수도 있으니까 집에 그냥 있는다.
   b. 파티에 가서 암벽 등반을 해본다. 만약 시끄러워서 짜증이 나기 시작하면, “안녕, 짜증아! 만나서 반가워!”라고 말하고, 계속 암벽 등반을 한다. 왜냐하면 에이든은 다른 친구들과 재미있게 노는 것을 중요하게 생각하기 때문이다.
   c. 파티를 여는 친구에게 파티가 시끄럽지 않게 해달라고 부탁한다.
   d. 파티에 간다. 그렇지만 시끄러우면 암벽 등반을 하지 않고 구석에 앉아 화를 낸다.

2. 학교에서 쉬는 시간에 에이든은 다른 아이들과 함께 게임을 하고 싶어요. 에이든은 다음 중 어떤 행동을 할 수 있을까요?

   a. 다른 아이들에게 자신이 하고 싶은 게임을 주장한다.
   b. 이미 게임을 하고 있는 아이들 무리에게 다가가서 자신이 하고 싶은 게임으로 바꾸려고 한다.
   c. 몇몇 아이들에게 게임을 하고 싶은지 물어보고, 그들이 선택하도록 한다. 만약 아이들이 자신이 좋아하지 않는 게임을 고르더라도, 에이든은 다른 친구들과 함께 노는 것을 중요하게 생각한다는 것을 다시 한번 기억하고, 그 게임을 같이 한다.
   d. 아이들이 자신을 초대할 때까지 아무것도 하지 않고 기다린다.

에이든에게 가장 도움이 되는 답은 다음과 같아요.

1. 가장 좋은 답은 (b)입니다.
   파티에 가서 암벽 등반을 해본다. 만약 시끄러워서 짜증이 나기 시작하면, "안녕, 짜증아! 만나서 반가워!"라고 말하고, 계속 암벽 등반을 한다. 왜냐하면 에이든은 다른 친구들과 재미있게 노는 것을 중요하게 생각하기 때문이다.

2. 가장 좋은 답은 (c)입니다.
   몇몇 아이들에게 게임을 하고 싶은지 물어보고, 그들이 선택하도록 한다. 만약 아이들이 자신이 좋아하지 않는 게임을 고르더라도, 에이든은 다른 친구들과 함께 노는 것을 중요하게 생각한다는 것을 다시 한번 기억하고, 그 게임을 같이 한다.

활동 21 보물 상자 만들기

아름다운 섬에서 일주일을 보내게 되었다고 상상해 보세요. 여러분은 중요한 물건들을 담아 갈 특별한 보물 상자를 가지고 갈 거예요. 이 활동에서는 특별한 물건이나 그 물건의 사진을 담을 수 있는 여러분만의 보물 상자를 만들어 볼 거예요.

생각이나 감정을 다루기 어려울 때, 이 보물 상자를 떠올려보세요. 보물 상자를 열어보면 내가 정말 중요하게 생각하는 것이 무엇인지 기억하게 될 거예요. 그러면 마음속에 걱정, 슬픔, 화가 나는 마음이 들 때도 해야 할 일을 해나갈 수 있어요. 예를 들어, 새로운 친구가 집에 초대했어요. 처음 가는 집이라서 걱정이 될 수도 있죠. 그때 보물 상자를 떠올려보면, 친구와 함께 즐거운 시간을 보내는 게 내가 중요하게 여기는 일이라는 걸 기억하게 돼요. 그렇게 하면, 새로운 친구의 집에 가서 즐겁게 시간을 보낼 수 있게 될 거예요.

보물 상자 만드는 방법

먼저, 여러분에게 특별한 것이 무엇인지 생각해 보세요(예: 애완동물 사진이나 좋아하는 책 또는 장난감 등).

재료

- 빈 신발 상자 같은 종이 상자
- 상자에 글씨나 그림이 있다면 덮을 수 있는 종이
- 필요하면, 종이를 상자에 붙일 수 있는 테이프
- 색연필
- 상자를 꾸밀 수 있는 장식(예: 스티커)

만드는 방법

- 상자에 글씨나 그림이 있다면, 그 위에 종이를 붙여서 덮어주세요. 원한다면 종이에 그림을 그린 후, 종이가 마르면 그 종이로 상자를 덮어도 좋습니다.
- 상자 안에 여러분이 중요하게 여기는 것들을 넣어보세요. 또는 소중한 것들의 사진을 찍어 인쇄한 후 상자에 넣어도 됩니다(사진을 사용하는 경우, 부모님의 도움이 필요할 수 있습니다).
- 색연필로 보물 상자 겉면에 그림을 그리거나 스티커 같은 장식으로 꾸며 보세요.

스티커
보물 상자

활동 22 무엇을? 어떻게? 어떤 것?

여러분이 걱정되거나, 슬프거나, 화가 나거나, 다른 강한 감정이 들 때, 스스로에게 이 세 가지 질문을 해 보세요.

내 마음이 뭐라고 말하고 있지?

- 여러분의 마음이 말하는 모든 것을 다 믿을 필요는 없어요! 생각을 그대로 두고 흘려보낼 수 있어요.

내가 어떻게 느끼고 있지?

- 여러분이 느끼는 감정에 이름 붙여보세요. 그리고 그 감정에게 "안녕"이라고 인사해 보세요. 감정을 없애려고 애쓰지 않아도 괜찮아요.

내가 할 수 있는 행동은 어떤 것이 있지?

- 여러분이 중요하게 생각하는 것을 선택해 보세요. 그리고 그것을 하기 위해 행동해 보세요.

다음 표에 있는 문장을 읽고 빈칸을 채워보세요. 이 책에서 이미 배운 내용을 활용해서 어떤 행동을 할 수 있을지 생각해 보세요. 이 활동을 하면 여러분의 생각과 감정을 알아차리고, 그 감정이 왜 생겨나는지 알 수 있게 도와줄 거예요. 또한, 어떤 행동을 해야 할지 계획을 세우는 데도 도움이 될 거예요.

<table>
<tr><th>내 마음이 뭐라고 말하고 있지?</th><th>내가 어떻게 느끼고 있지?</th><th>내가 할 수 있는 행동은 어떤 것이 있지?</th></tr>
<tr><td>수업 시간에 질문하면 모두가 나를 비웃을 거야.</td><td>걱정되는</td><td>“안녕, 걱정아. 오늘 기분이 어때?”라고 스스로에게 말할 수 있어.

내 마음이 모두가 비웃을 거라고 말하더라도 나는 손을 들어 질문할 수 있어.</td></tr>
<tr><td rowspan="2">학교에서 쉬는 시간에 같이 놀 친구가 없어.</td><td>외로운</td><td></td></tr>
<tr><td>화난</td><td></td></tr>
<tr><td rowspan="2">숙제를 못 하겠어. 너무 어려워.</td><td></td><td></td></tr>
<tr><td>실망한</td><td></td></tr>
</table>

내 마음이 뭐라고 말하고 있지?	내가 어떻게 느끼고 있지?	내가 할 수 있는 행동은 어떤 것이 있지?
나는 항상 일을 망쳐.		
새로운 곳으로 소풍가는 게 너무 겁이나.		
	슬픈	
	당황스러운	

내 마음이 뭐라고 말하고 있지?	내가 어떻게 느끼고 있지?	내가 할 수 있는 행동은 어떤 것이 있지?

활동23 단어 찾기

이 단어 찾기 퍼즐에는 '중요한 것 선택하기와 중요한 것 하기'에서 배운 단어들이 들어 있어요. 아래에 나열된 단어들을 찾아보면서 이 장에서 배운 내용을 기억해 보세요.

에이든	**어떻게**	**시작**
상자	**지아**	**생각**
하기	**마법 지팡이**	**노력**
그리기	**마리아**	**무엇을**
감정	**중요한 것**	**어떤 것**
마음		

위에 제시된 단어들을 다음 페이지에서 찾아 동그라미로 표시하거나 연한 색연필로 색칠해 보세요.

힌트: 단어들은 가로(왼쪽에서 오른쪽), 세로(위에서 아래)로 나타나 있어요.

어 편 기 회 깨 달 음 행
꿈 떻 안 쁨 공 유 따 자 에 편 복 지
축 하 게 함 참 희 망 찬 따 뜻 신 이 안 정 질 서
지 혜 공 존 중 존 재 감 배 움 친 절 함 감 든 든 한 문 서 함
명 철 동 중 요 한 것 정 려 직 힘 찬 제 질 공 동 체 마 리 아 박
보 람 체 창 조 성 꿈 인 정 직 함 수 용 서 평 화 효 율 성 기 자
무 엇 을 자 율 성 진 정 성 취 마 음 자 뿌 따 책 나 존 중 치 유
사 랑 친 구 시 작 존 중 실 수 법 정 신 듯 뜻 임 눔 경 노 랑 색
존 중 배 움 간 식 평 생 명 용 지 직 감 함 함 감 정 실 력 보 람
요 건 강 약 사 등 각 인 심 팡 함 용 기 감 정 경 이 로 움
한 여 유 속 수 용 선 택 놀 이 해 서 도 사 랑 감 사 도 전
치 유 그 리 기 물 공 동 체 탈 소 소 한 축 하 사 공
웃 자 림 인 정 사 유 자 유 함 통 풍 하 기 책 임 감
적 안 정 직 상 자 신 사 랑 자 유 로 움 소 통
충 만 함 신 비 감 정 직 지 식 온 유 함
신 뢰 정 직 함 서 리 아 름 다 움
참 능 력 존 재 감 사 독 립
효 율 성 치 유 개 성
어 떤 것 을 인
성 취 감
꿈

내가 가장 아끼고
신경 쓰는 건 뭐지?
보물 상자

기억할 것:

'중요한 것 선택하기'와 '중요한 것 하기'

- 여러분이 가장 소중하게 생각하는 것은 무엇인가요?
- 여러분이 정말로 중요하다고 여기는 일은 무엇인가요?
- 새롭게 해볼 수 있는 중요한 일에는 어떤 것이 있을까요? 예전에는 했지만 지금은 그만둔 일 중에 다시 시작할 수 있는 일이 있나요?
- 언제 여러분이 중요하게 여기는 일을 해볼 수 있을까요?
- 스스로에게 물어보세요. 내 마음이 뭐라고 말하고 있지? 나는 지금 어떤 기분을 느끼고 있지? 내가 할 수 있는 행동은 무엇이 있을까?
- 며칠마다 한 번씩은, 여러분이 중요하게 여기는 일을 해 보도록 노력해 보세요!

프린트할 수 있는 자료는 QR코드를 활용하거나 https://libertyactcure.page24.app/board/05d7b2/read?mcode=1314&board_id=159&midx=4에서 확인할 수 있습니다.

4장

'현재에 머물기'와 '자신을 알아차리기'

이 장에서는 '현재에 머물며 자신을 알아차리기'에 대해 배울 거예요. 여러분은 마리아, 에이든, 그리고 지아가 어떻게 이 행동을 통해 자신의 생각과 감정을 다스렸는지 배울 거예요.

마음이 바쁘게 생각하고 있거나 감정이 아주 강할 때는 주변에서 무슨 일이 일어나는지 집중하기가 어려워요. 누군가가 여러분의 이름을 부르거나 말을 걸어도 알아차리지 못할 수도 있어요. 차나 버스를 타고 가면서도 내가 어디로 가는지 모를 수도 있고, 음식을 먹으면서도 그 맛을 느끼지 못할 때가 있을 거예요. 이런 경험이 여러분에게도 일어난 적이 있나요? 또한, 걱정되거나 슬프거나 화나는 등 강한 감정이 몰려올 때는, 오히려 자신을 더 힘들게 만드는 행동을 할 수도 있어요.

하지만 주변에서 무슨 일이 일어나는지 주의를 기울이고 내가 지금 무엇을 하고 있는지 알아차리면, 생각과 감정의 힘이 약해질 수 있어요.

현재에 머물기

'현재에 머물기'는 지금 내가 있는 곳에서 무슨 일이 일어나고 있는지 주의 깊게 살피는 거예요. 이것은 생각과 감정을 다루는 아주 좋은 방법이 될 수 있어요. 또한 집중을 더 잘할 수 있게 도와주고 마음과 몸을 차분하게 해줘요.

2장에서 반짝이 병을 만들었던 것을 기억하나요? 그때 물이 잔잔해지며 반짝이가 가라앉는 걸 보았을 거예요. '현재에 머물기'도 이와 비슷해요. 여러분의 생각과 감정도 반짝이처럼 가라앉을 수 있어요. 그러면 감정들이 그렇게 크고 강하게 느껴지지 않고, 마음도 덜 강하게 느껴질 거예요.

에이든의 이야기

나는 매일 아침 이를 닦을 때 현재에 머물기를 연습해요. 손에 닿는 칫솔 손잡이의 느낌에 집중해 보고, 치약 냄새도 맡아봐요. 그리고 입 안에서 칫솔과 치약이 어떻게 느껴지는지도 살펴봐요. 가끔은 학교에 가는 거나 운동하는 것처럼 그날 할 일들이 떠오르지만, 다시 이를 닦는 것에 집중하려고 노력해요. 현재에 머물기를 연습하면서 집중력이 좋아졌고, 이제는 내가 화가 나기 시작하는 것도 알아차릴 수 있게 되었어요. 화가 날 때 현재에 머물기를 연습하면, 화가 가라앉고 차분해져요.

자신을 알아차리기

자신을 알아차린다는 건 내가 무엇을 하고 있는지 관찰하고 지켜보며 아는 거예요. 거울을 보는 것과 비슷하지만, 자신을 알아차리는 데 거울이 필요한 건 아니에요. 책을 읽을 때, 수업 중에 앉아 있을 때, 밥을 먹을 때, 씻을 때, 숙제를 할 때, 놀 때, TV를 볼 때, 침대에 누워 있을 때, 그리고 다른 많은 일을 할 때 '내가 무엇을 하고 있는지' 알아차릴 수 있어요.

'현재에 머물기'를 하며 내가 무엇을 하고 있는지 주의 깊게 보세요. 현재에 머무를수록 자신을 알아차리는 것이 쉬워져요. 나를 더 많이 알아차릴수록 현재에 머무는 것도 더 쉬워져요. 먼저 현재에 머무는 연습을 하고, 그다음에 자신을 관찰하고 알아차리는 연습을 해 보기로 해요!

지아의 이야기

지아는 슬플때면 자신의 방으로 가서 침대에 누워 기분이 나아질 때까지 있었어요. 아무도 자기의 마음을 이해하지 못한다고 생각했고, 외롭고 혼자라고 느꼈어요. 가끔은 방에서 오랫동안 나오지 않을 때도 있었어요.

그러다 어느 날, 지아는 자신을 관찰하고 알아차리는 연습을 시작했어요. 슬플 때 자기가 무엇을 하고 있는지 알아차렸죠. 슬플 때 혼자 있는 것이 슬픔을 덜어주지 않는다는 것도 알게 되었어요.

이제 지아는 집에서 기분이 나아질 때까지 방에만 있지 않고, 기분이 안 좋을 때면 부모님이나 동생에게 자신의 기분을 이야기하고 함께 시간을 보내기 시작했어요. 학교에서는 슬플 때 다른 사람들과 이야기하지 않으면 기분이 더 나빠질 수도 있다는 것을 알아차렸어요. 그래서 다른 아이들이나 선생님에게 자신의 기분을 이야기하기 시작했고, 자신이 그렇게 하고 있다는 걸 스스로 알아차렸어요. 지아는 자신을 알아차리는 연습을 하면서 기분이 나아지는 행동을 선택할 수 있게 되었어요.

활동24 흐느적거리는 문어

이 활동은 몸을 움직이는 것과 몸에서 느껴지는 감각에 집중할 수 있도록 도와줄 거예요. 또한 내가 어떤 생각을 하고 있는지, 어떤 감정을 느끼는지도 알아차릴 수 있게 도와줄 거예요.

먼저 의자에 앉거나 바닥이나 카펫 위에 누워보세요. 눈을 감아도 좋아요. 그러고 나서 부모님에게 이 글을 읽어달라고 부탁해 보세요.

> 지금 여러분이 바닷속을 헤엄치는 흐느적거리는 문어라고 상상해 보세요. 큰 파도가 일어나고, 그 파도에 따라 몸을 움직여보세요. 물속에서 몸이 흔들흔들 움직이고 있다고 상상해 보세요. 다리를 좌우로 흔들고, 팔을 위아래로 움직일 수도 있어요. 그러다가 파도가 천천히 잦아들고, 바다가 아주 잔잔해져요. 물이 거의 움직이지 않아요. 이제 바닷속 모래 위에서 쉬고 있는 문어처럼 아주 가만히 있어 보세요. 아주 고요하고 차분해진 자신을 느껴보세요. 그리고 몸이 어떻게 느껴지는지 알아차려 보세요. 지금 어떤 생각을 하고 있는지, 어떤 감정을 느끼고 있는지도 알아차려 보세요.

흐느적거리는 문어 활동은 걱정되거나 슬프거나 화가 나거나 다른 강한 감정을 느낄 때 그 생각과 감정을 다루는 데 도움이 될 수 있어요. 어떤 감정을 느끼고 있든, 그 감정은 결국 사라질 거예요. 마치 바다의 파도가 잔잔해지는 것처럼요.

이 활동을 해 보면서 무엇을 알아차렸는지 적어보세요.

활동25 음식을 먹으며 현재에 머물기

음식을 먹을 때 '현재에 머물기'를 해 보세요. 과일 한 조각이나 건포도 같은 간단한 것을 가지고 연습해 보면 좋을 거예요.

먼저 아래 안내를 읽어보세요. 이 안내는 음식을 먹으면서 현재에 머물기를 연습하는 데 도움이 될 거예요. 혼자 연습할 경우 최대한 기억해 보세요. 필요하면 부모님에게 읽어달라고 부탁할 수 있어요.

> 한입 먹어보세요. 입 안에서 무슨 일이 일어나는지 주의 깊게 살펴보세요. 음식의 맛을 느껴보세요. 서두르지 말고, 한 번에 한 입씩 드세요. 맛이 어떻게 변하는지 알아차려 보세요. 이가 어떻게 씹고 혀가 어떻게 움직이는지 느껴보세요. 삼키고 싶어지는 순간을 알아차려 보세요. 삼킬 때 음식이 목을 통해 내려가는 느낌도 느껴보세요. 삼킨 후, 준비가 되었을 때 또 한 입 드세요. 천천히 해 보세요. 지금 이 순간에 내 몸과 마음, 감정이 어떻게 느껴지는지 알아차려 보세요.

이제 선택한 음식에 대해 아래 질문에 답해 보세요.

음식에서 어떤 색을 볼 수 있나요? ____________________

음식에서 어떤 냄새가 나나요? ____________________

음식의 맛은 어떤가요? ______________________________

바삭바삭한가요 아니면 쫄깃쫄깃한가요? ______________________________

달콤한가요 아니면 신맛이 나나요? ______________________________

음식이 뜨거운가요 아니면 차가운가요? ______________________________

마리아의 이야기

나는 음식을 먹으면서 현재에 머물기를 배우는 것이 정말 재미있었어요. 부모님과 함께 말린 과일로 연습했는데 마치 이 과일들을 처음 맛보는 것처럼 느껴졌어요! 이 연습은 내가 천천히 먹고, 과일의 냄새와 색깔을 알아차리도록 도와주었어요. 또, 과일이 내 혀에서 어떻게 느껴지는지도 알게 되었어요. 그 후에는 학교 점심시간에도 연습을 해 보았고, 지금은 매일 연습하려고 해요. 저녁을 먹을 때는 가족에게도 이 연습을 하자고 상기시켜 주어요. 이 연습 덕분에 주변에서 일어나는 일에 더 집중할 수 있게 되었고, 이제는 집중력이 더 좋아졌어요. 내가 걱정이 될 때는 현재에 머물기를 연습해요. 그러면 걱정이 그렇게 크지 않게 느껴져요. 가끔은 내 마음이 걱정하는 것도 모른채 지나가기도 해요!

활동 26 숨을 쉬며 현재에 머물기

이 호흡 활동은 여러분이 현재에 머무르고 더 차분해지도록 도와줄 거예요. 또한 여러분의 감정을 가라앉히는 데 도움이 돼요. 걱정이 되거나 슬프거나 화가 나거나 다른 강한 감정을 느낄 때 언제든지 이 연습을 할 수 있어요. 집에서든, 학교에서든, 또는 다른 어떤 곳에서든 할 수 있어요.

- 앉거나, 서거나, 누워보세요. 있는 곳에 따라 편한 자세를 취하세요.
- 눈을 감아보세요. 만약 눈을 감고 싶지 않다면, 바닥이나 천장에 있는 한 지점을 바라보세요. 연습하는 동안 그곳을 계속 바라보며 시선을 다른 데로 돌리지 않도록 해 보세요.
- 두 손을 배 옆에 편안하게 놓으세요.
- 천천히 몇 번 숨을 쉬어보세요. 코로 숨을 들이쉬고, 천천히 입으로 내쉬세요.
- 이 호흡을 반복하세요. 배가 부드럽게 들어갔다가 나오는 것을 느껴보세요. 마치 풍선을 불어서 공기가 차오르고, 다시 공기가 빠져나가는 것처럼요.
- 원하는 만큼 이 호흡을 계속해 보세요.

활동 27 잠들기 전 현재에 머물기

이 활동은 밤에 침대에 누워 있을 때 활용하면 잠이 드는 데 도움을 줄 수 있어요.

침대에 편안히 누운 후, 들리는 소리에 집중하며 현재에 머물기를 연습해 보세요.

- 눈을 감으세요.
- 방 안의 소리에 귀 기울여 보세요.
- 그다음 방 밖의 소리도 들어보세요.
- 마지막으로, 여러분의 호흡 소리에 귀 기울여 보세요.

밤에 침대에서 이 활동을 기억하기 어려우면, 기억나게 도와줄 수 있는 표지판을 만들어 보세요. 그 표지판을 꾸며서 침대 옆에 두는 것도 좋을 거예요.

지아의 이야기

나는 스카우트라는 강아지를 키웠었는데, 그 강아지가 죽었어요. 밤에 침대에 누우면 스카우트가 많이 그리웠어요. 스카우트는 아침마다 항상 내 방으로 뛰어 들어오면서 꼬리를 흔들었거든요. 스카우트는 침대에 뛰어오르곤 했고, 나는 꽉 껴안아 주었죠. 나는 슬퍼서 잠들기가 힘들었어요. 하지만 침대에 누워서 현재에 머물기를 하다 보니, 조금씩 더 빨리 잠들 수 있었어요.

활동 28 정지 신호 표지판 상상하기

여러분의 생각과 감정이 매우 강하게 느껴질 때, '정지'라고 적힌 큰 표지판을 상상해 보세요. 사람들이 정지 신호를 보고 양쪽을 살피기 위해 차를 멈추는 것처럼, 여러분도 감정을 알아차리기 위해 멈출 수 있어요.

예를 들어, 누군가에게 화가 나거나 어떤 일 때문에 분노가 치밀 때, 도움이 되지 않는 행동을 하거나 상황을 더 악화시킬 수 있어요. 그 대신 정지 신호를 상상하고 자신에게 물어보세요.

- 내가 상황을 더 좋게 만들고 있나요? 아니면 더 나쁘게 만들고 있나요?
- 그 대신 무엇을 할 수 있을까요?

자신을 알아차리는 것이 생각과 감정을 다루는 데 도움이 될 수 있는 예를 적어보세요.

에이든이 '현재에 머물기'와 '자신을 알아차리기'를 사용한 이야기

에이든이 자주 화가 나곤 했다는 걸 기억하나요? 그는 집에서도, 학교에서도 소리를 질렀어요. 사람들은 그를 무서워했죠. 에이든은 화가 많이 나기 전에 잠시 멈추고, 대신 무엇을 하고 싶은지를 생각하는 법을 배웠어요.

처음에 에이든은 수업 시간에 소리치고 싶다는 것을 알아차렸어요. 그리고 그 대신 에이든은 손을 들었어요. 선생님은 그가 잘하고 있다고 칭찬해 주셨어요. 다른 학생들은 점심시간에 에이든과 함께 놀자고 초대하기 시작했어요. 또한 에이든은 자기가 게임을 선택하지 못했을 때 속상하다는 것을 알아차렸어요. 그래서 그는 대신 주변의 놀이터, 나무, 그리고 다른 친구들에게 주의를 기울였어요. 이런 '알아차리기'가 에이든에게 도움이 되었어요. 그는 소리를 지르지 않았고, 다른 학생들과 함께 놀면서 재미있는 시간을 보냈어요.

활동29 감정의 산

이 활동은 여러분의 감정이 강해질 때를 알아차리고, 감정을 가라앉히는 데 도움이 될 수 있어요.

때때로 감정은 처음에는 그렇게 강하지 않지만, 시간이 지나며 점점 더 강해질 수 있어요. 걱정되거나 슬프거나 화가 나게 만드는 일이 생길 수 있고, 이런 감정은 종종 더욱 강해질 수 있어요.

감정의 산을 상상해 보세요. 이 산은 0에서 10까지 숫자가 매겨진 여러 단계로 이루어져 있어요. 산의 맨 아래는 0으로, 이 숫자는 감정이 가라앉은 안정된 상태를 의미해요. 산을 더 높이 오를수록 감정은 더 강해지고 숫자도 커져요. 산꼭대기에 도달하면 감정이 가장 강해진 상태가 되며, 10으로 평가할 수 있어요.

최근에 여러분이 10이라고 느꼈던 순간을 생각해 보세요. 다음 페이지의 산 그림을 사용하여 각 단계에서 느꼈던 감정을 설명해 보세요. **10 옆에는 가장 강했던 감정을 적고, 9 옆에는 10보다 조금 덜 강했던 감정을 적어보세요. 산의 모든 숫자에 대해 이런 방식으로 표현해 보세요.**

슬프거나, 걱정되거나, 화가 나거나, 혹은 그 밖에 다른 강한 감정을 처음으로 알아차릴 때, 감정의 산에서 여러분이 어디에 있는지 상상해 보세요. 0에서 10까지의 숫자로 감정을 평가해 보세요. 자신이 어디에 있든지, 감정이 더 강해지지 않도록 오르는 것을 멈추었다고 상상해 보세요. 그런 다음 감정을 그대로 두세요. 그다음, 산에서 내려오면서 감정을 놓아주고, 점차 감정이 덜 강해지는 모습을 상상해 보세요.

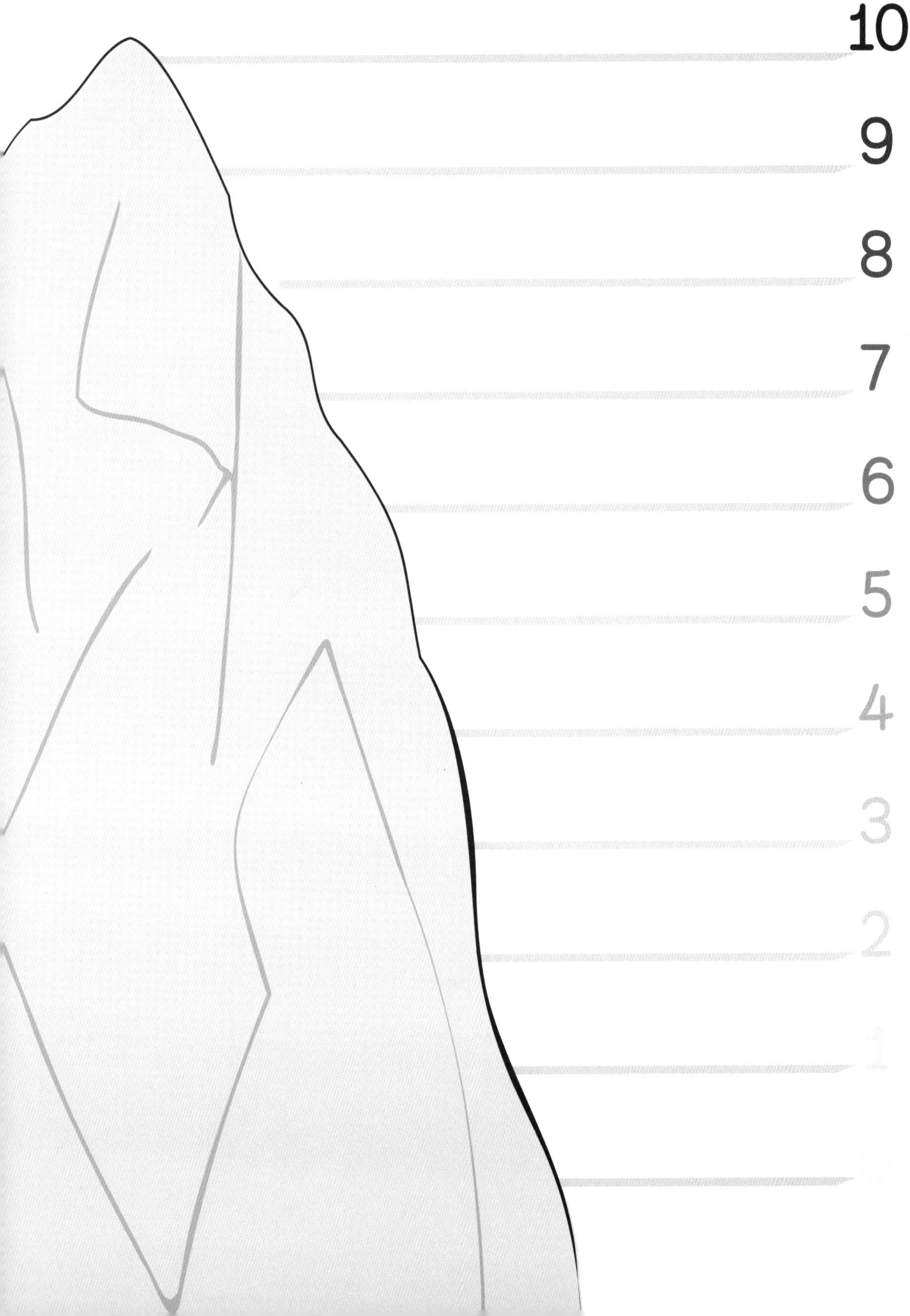
10
9
8
7
6
5
4
3
2
1

활동30 바닷속에서

바다에는 크고 작은 파도가 있어요. 또 모래, 해초, 조개껍데기도 있지요. 바다에는 물고기, 해초, 돌고래, 고래처럼 많은 생명체들이 살고 있답니다. 이들은 바다의 일부예요. 마치 바닷속에 많은 것들이 존재하는 것처럼, 여러분의 마음속에도 다양한 생각과 감정이 자리하고 있어요. 이 생각과 감정들은 여러분의 일부랍니다. 하지만 항상 똑같은 생각과 감정만 있는 것은 아니에요.

바다 그림 속 파도 위에 다양한 생각과 감정을 적어보세요. 그리고 바닷속 보물 상자를 그려서 여러분이 소중하게 여기는 것들을 그 안에 넣어도 좋아요. 다른 그려보고 싶은 것도 자유롭게 추가해 보세요.

활동 31 열기구 타기

이 활동은 스스로를 알아차리는 연습을 도와줄 거예요. 편하게 앉아서 부모님께 다음 내용을 읽어 달라고 부탁해 보세요. 눈을 감아도 좋고, 바닥의 한 곳을 바라보면서 들어도 좋아요.

> 여러분이 열기구를 타고 하늘 높이 올라가는 모습을 상상해 보세요. 아래를 내려다보면 걱정하거나, 슬프거나, 화가 나 있거나, 다른 강한 감정을 느끼고 있는 '내 모습'이 보여요. 그 장소는 집일 수도 있고, 학교나 다른 곳일 수도 있어요. 그때 여러분이 생각과 감정을 어떻게 다루고 있는지 관찰해 보세요. 열기구에서 자신을 내려다보며 떠오르는 생각과 감정도 살펴봐요.

스스로도 깜짝 놀랄 만한 행동을 하는 것을 봤나요? 여러분이 생각과 감정을 다루기 위해 하는 행동들이 도움이 된다고 생각하나요?

열기구 그림 옆에 걱정되거나, 슬프거나, 화가 날 때 떠오르는 생각과 감정을 적어보세요.

이 책에서 읽은 내용 중에 여러분이 걱정되거나, 슬프거나, 화가 날 때 할 수 있는 것들을 생각해 보세요. **도움이 될 것 같은 방법을 몇 가지 적어보세요.**

활동32 나무 위의 나뭇잎

나무에는 기둥과 가지가 있어요. 가끔 나뭇가지에 나뭇잎이 가득할 때가 있지요. 나뭇잎은 나무의 일부이지만, 나무 전체는 아니에요. 여러분도 생각과 감정이 많을 때가 있고, 적을 때가 있어요. 여러분의 생각과 감정은 나무 위의 나뭇잎과 같아요. 그것들은 여러분의 일부이지만, 여러분의 전부는 아니에요. 여러분에게는 그보다 더 많은 것들이 있답니다!

걱정되거나, 슬프거나, 화가 나는 등 강한 감정이 들 때, 여러분의 생각과 감정을 알아차려 보세요. 그것은 여러분의 일부일 뿐, 전체는 아니라는 것을 스스로 기억해 보세요.

나무 위, 나뭇가지에 나뭇잎을 그려보세요. 나뭇잎 안에 글씨를 쓸 수 있게 충분히 크게 그려주세요. 그런 다음 그 안에 여러분의 생각과 감정을 적어 보세요.

활동33 고요한 배

이 활동은 상상을 통해 여러분이 잠시 멈춰 생각을 내려놓고, 자신이 무엇을 하고 있는지 알아차리도록 도와줄 거예요. 걱정되거나, 슬프거나, 화가 날 때 스스로를 알아차리면, 잠시 멈추고 자신이 어떤 행동을 하고 있는지 보는 데 도움이 될 수 있어요. 그 행동이 도움이 되는지 스스로에게 물어볼 수도 있어요. 도움이 되지 않는 행동이라면 더 도움이 되는 행동으로 바꿀 수 있어요.

생각과 감정이 강하게 느껴질 때는 언제든지 이 활동을 연습할 수 있어요. 집, 학교, 또는 다른 곳에서도 할 수 있답니다. 부모님께 설명을 읽어 달라고 부탁하고, 설명을 듣는 동안 눈을 감아도 좋고, 스스로 읽고 나서 눈을 감아도 좋아요.

> 아주 큰 배 안에 안전하게 타고 있다고 상상해 보세요. 이 배는 파도가 쳐도 여전히 고요하고 조용해요. 밖에는 폭풍우가 치고 있고, 하늘에는 먹구름이 가득해요. 여러분의 생각들이 그 폭풍우 구름이라고 상상해 보세요. 배 안에서 안전하게 그 구름들을 바라볼 수 있어요. 마음속에 생각이 떠오를 때마다 그 생각을 폭풍우 구름 위에 올려놓으세요. 그 구름들을 바라보며 어떻게 보이는지 관찰해 보세요. 배 안에서 폭풍우 구름을 바라보고 있는 내 모습을 알아차려 보세요. **그런 다음, 다음 페이지에 있는 폭풍우 구름 위에 여러분의 생각을 적어보세요.**

기억할 것:

'현재에 머물기'와 '자신을 알아차리기'

- 여러분의 생각과 감정은 여러분의 일부이지만, 그것이 전부는 아니에요.
- 배의 양옆에 손을 얹어보세요. 코로 천천히 숨을 들이마시고 입으로 내쉬어보세요. 배가 부드럽게 들어갔다 나왔다 하는 것을 느껴보세요.
- 양치질을 하거나 밥을 먹는 것처럼 매일 하는 일에서도 '여기'에 머무르는 연습해 보세요.
- 여러분의 생각과 감정은 변해요. 항상 똑같지는 않답니다.

- 자신이 어떤 생각과 감정을 느끼고 있는지 알아차려 보세요. 그리고 마음이 하는 모든 말을 다 따라하지 않는 연습을 해 보세요. 예를 들어, 마음이 소리 지르라고 할 때 소리를 지르지 않는 거예요.

- 생각과 감정이 매우 강하게 느껴질 때, '정지!'라고 적힌 큰 표지판을 보는 모습을 상상해 보세요. 그런 다음 자신에게 물어보세요. 지금 나는 상황을 더 좋게 만들고 있나요, 아니면 더 나쁘게 만들고 있나요?

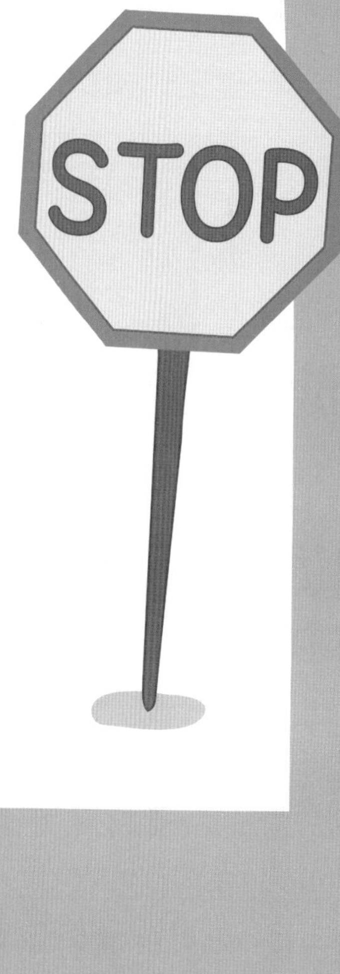

- 여러분은 배 안에 있고, 여러분의 생각들이 폭풍우 구름이라고 상상해 보세요. 각각의 생각을 폭풍우 구름 위에 올려놓으세요. 구름을 바라보며, 구름을 바라보고 있는 자신을 알아차려 보세요.

프린트할 수 있는 자료는 QR코드를 활용하거나 https://libertyactcure.page24.app/board/05d7b2/read?mcode=1314&board_id=159&midx=4에서 확인할 수 있습니다.

넌 할 수 있어!

5장

자신을 친절하게 대하고 돌보기

이 부분에서는 나 자신을 친절하게 대하고 돌보는 방법에 대해 알아볼 거예요. 마리아, 에이든, 지아가 어떻게 이러한 행동을 통해 자신의 생각과 감정을 다뤘는지 배울 수 있을 거예요.

스스로에게 이야기할 때, 가끔은 친절하고 자상하게 말하는 것이 어려울 수 있어요. 머릿속에서 스스로를 꾸짖거나 혼내는 생각이 들 때도 있거든요. 여러분의 마음은 '너는 제대로 못하고 있어'라든지 '넌 충분히 노력하고 있지 않아'라고 말할지도 몰라요. 걱정되거나, 슬프거나, 화가 나거나 다른 강한 감정을 느낄 때, 스스로에게 불친절하게 말하면 오히려 기분이 더 안 좋아질 때가 많아요.

가족이나 친구처럼 소중한 사람들에게 이야기할 때는 친절하고 자상하게 말하잖아요. 자신에게도 그렇게 친절하고 다정하게 이야기하면, 생각이나 감정이 덜 강하게 느껴질 거예요. 그러면 그것들을 더 잘 다룰 수 있게 돼요.

자신을 친절하게 대하고 돌보세요

자신을 친절하게 대하고 돌본다는 것은 자신에게 좋은 말을 사용하는 것을 뜻해요. 또한, 자신을 잘 돌보고, 최선을 다하고 있다는 사실을 기억해내는 것도 포함돼요. 예를 들어, 어려운 일을 시도할 때 자신에게 "좋은 시도였어" 또는 "잘했어"라고 말해줄 수 있답니다. 이것은 다음번에도 계속 시도하고 더 차분해지도록 도와줄 거예요.

이번 장의 활동들은 스스로를 친절하게 대하고 돌보는 방법을 연습하게 해줄 거예요.

마리아의 이야기

나는 발표회에서 피아노를 연주하는 것이 너무 걱정되었어요. 실수할까 봐 무서웠거든요. 제 마음은 저를 괴롭혔어요. 마음은 "나는 피아노를 잘 못 쳐"라든지 "난 연습을 충분히 안 했어"라고 말했어요. 그럴 때 저는 스스로에게 "피아노는 어렵지만 나는 최선을 다하고 있어"라고 말했어요. 저는 발표회를 위해 열심히 연습했답니다. 발표회 도중에 긴장될 때는 "나는 정말 잘하고 있어"라고 스스로에게 말했어요. 그러자 마음이 차분해졌어요. 발표회가 끝난 후에는 "나는 정말 잘했어"라고 말해줬고, 제가 자랑스러웠어요.

활동34 친절하고 자상한 말을 담은 병

여러분 또는 여러분의 팀에게 정말 친절하고 자상하게 말해준 코치를 만나본 적이 있나요? 아마 그 코치는 여러분이나 팀이 정말 열심히 노력하고 훌륭하게 해내고 있다는 것을 알아차렸을 거예요. 친절하고 자상한 코치가 여러분에게 어떤 말을 해줄지 떠올려보세요. 이 활동은 그런 말을 기억하는 데 도움이 될 거예요.

친절하고 자상한 말 보관병 만드는 방법

이 활동에서는 친절하고 자상한 문장을 적어서 병에 채워볼 거예요.

준비물

- 플라스틱이나 유리로 된 병
- 다양한 색상의 종잇조각
- 색깔 펜
- 스티커 라벨, 풀 또는 테이프

만드는 방법

- 몇 가지 다른 색상의 종이를 길쭉한 조각으로 잘라주세요. 각 조각은 한두 문장을 쓸 수 있을 만큼 충분히 넓게 잘라주세요.
- 각 종잇조각에 친절하고 자상한 코치가 여러분에게 해줄 법한 말을 적어보세요. 한 문장당 하나의 종이를 사용하세요. 그런 다음 종잇조각들은 병 안에 넣어주세요.
- 스티커 라벨이 있다면, 병에 붙일 이름을 적고 펜으로 꾸며 보세요. 그런 다음, 병 겉면에 라벨을 붙입니다. 만약 라벨이 없다면, 종잇조각에 이름을 적고 꾸며서, 풀이나 테이프를 사용해 병에 붙이면 됩니다.

걱정되거나, 슬프거나, 화가 나거나, 다른 강한 감정을 느낄 때 병에서 몇 개의 종잇조각을 꺼내 스스로 읽어보세요. 그런 다음 종이들을 다시 병에 넣으세요.

에이든의 이야기

저는 가끔 매우 빨리 화가 나요. 그러면 몸이 뜨거워지고 얼굴이 빨개져요. 마치 폭발하기 직전의 화산 같아요! 그럴 때 저는 친절하고 자상한 코치가 저에게 이야기해주는 모습을 상상해요. 그러면 진정하는 데 도움이 돼요. 그런 다음 저는 저에게 괜찮다고, 스스로를 아주 잘 진정시켰다고 말해요. 저 자신을 진정시킬 수 있을 때 뿌듯함을 느껴요.

활동 35 소중한 사람에 대해 소개하기

여러분이 정말 소중하게 생각하는 누군가의 파티에서 그 사람에 대해 소개를 하게 된다고 상상해 보세요. 가족일 수도 있고, 친구일 수도 있고, 다른 누군가일 수도 있으며, 심지어 반려동물일 수도 있어요. 어떤 친절하고 자상한 말을 사용할 수 있을지 생각해 보세요. 그런 말을 하는 기분이 어떨지도 상상해 보세요. 이제 그 사람이 여러분의 연설에 매우 만족해하며, 여러분을 얼마나 아끼는지 말해준다고 상상해 보세요. 그 말을 들었을 때 여러분의 몸에서 어떤 느낌이 드는지 알아차려 보세요.

여러분은 걱정되거나, 슬프거나, 화가 나거나, 다른 강한 감성을 느낄 때, 이 소개를 하는 상상을 하며 이 느낌을 다시 가질 수 있어요. 그런 다음 그 사람이 여러분을 얼마나 아끼는지 말해주는 모습을 상상하고, 그때 내 몸이 어떻게 느껴지는지 알아차려 보세요.

아래 공간에 여러분이 소중하게 생각하는 사람에 대한 친절하고 자상한 소개글을 적어보세요.

활동36 문장 떠올리기

자신을 친절하게 대하고 돌보는 연습에 도움이 되는 세 단어로 된 문장을 만들어 보세요. 각 단어의 대표적인 한 글자를 선택하여 아래의 네모 칸에 적습니다(기억하기 쉽도록 순서를 변경하거나 약간 변형해도 좋아요). 예를 들어 '나는 마음을 존중해'는 '나마중' 또는 '내가 나의 편이 되어줄게'는 '내편나', '마음도 충전이 필요해'는 '맘충전'이라고 적을 수 있어요. 여러분이 가장 좋아하는 말을 골라 아래 네모 칸에 큰 글자로 써보세요. 네모 칸은 원하는 대로 색칠하거나 꾸밀 수 있어요. 그런 다음, 네모 칸 위의 줄에 세 단어로 된 문장을 언제 사용하는 것이 도움이 될지 적어 보세요.

나	마	중	나는 마음을 존중해!
내	편	나	내가 나의 편이 되어줄게!

활동37 내 마음과 친구 되기

때때로 마음이 여러분을 지배하는 것처럼 느껴질 수 있어요. 이런 일은 감정이 매우 강할 때, 그리고 마음이 말하는 모든 것을 믿을 때 일어날 수 있어요. 예를 들어, 여러분의 마음이 이렇게 말할 수도 있어요. "학교에 가지마. 배가 아파." "농구 연습에 가지마. 잘 뛰지 못 할까봐 너무 걱정돼."

이런 일이 생기면, 마음과 친구가 되어 보세요. 마음이 여러분을 챙겨준 것에 고마워하고, 마음이 여러분을 지배하게 두지 않겠다고 말해 보세요. 그런 다음 반대쪽 어깨에 손을 올리고 이렇게 말해 보세요. "괜찮아. 너는 이걸 이겨낼 수 있는 모든 것을 가지고 있어. 나는 너를 위해 여기 있고 네가 자랑스러워."

옆에 있는 공간에, 자신의 마음과 친구가 되는 모습을 그려보세요.

활동 38 차분하고 평화로운 장소 상상하기

눈을 감고 차분하고 평화로운 장소를 상상해 보세요. 침실일 수도 있고, 마당, 해변, 숲, 동물이 있는 장소, 또는 다른 곳일 수도 있어요. 이 장소를 상상할 때 여러분의 몸과 마음이 어떻게 느껴지는지 알아차려 보세요. 걱정되거나, 슬프거나, 화가 나거나, 다른 강한 감정을 느낄 때마다 이 장소를 상상할 수 있어요. 집, 학교, 또는 다른 곳에 있을 때 언제든지 이 장소를 상상할 수 있어요. 그럴 때는 친절하고 돌보는 방식으로 자신에게 말하는 연습을 해 보세요.

지아의 이야기

나는 가끔 죽은 반려견 스카우트가 생각나서 슬퍼질 때가 있어요. 그럴 때면 눈을 감고 해변에 있는 모습을 생각해요. 조개를 줍고, 모래성을 쌓고, 바다에서 수영하는 모습을 상상해요. 그러면 차분해지는 느낌이 들어요. 그런 다음 나는 스스로에게 이렇게 말해요. "스카우트를 그리워하며 슬퍼하는 건 괜찮아. 난 괜찮을 거야."

원하다면 색연필, 연필, 또는 크레파스로 그림을 색칠하여 최대한 평화롭게 보이도록 만들어 보세요.

활동39 생각, 감정, 그리고 행동

걱정되거나, 슬프거나, 화가 나는 것에 대해 생각해 보고 아래 표의 '상황' 칸에 적어보세요. 그런 다음 '생각' 칸에는 그때 떠오른 생각을 적고, '감정' 칸에는 그때 느낀 감정을 적어보세요. 그리고 표에 있는 세 가지 질문에 답해 보세요. 예시를 준비했어요.

어려움을 겪을 것으로 생각되는 다른 상황에 대해서도 빈칸을 채워보세요. 이 활동을 할 때는 부모님께 도와달라고 부탁해도 좋아요.

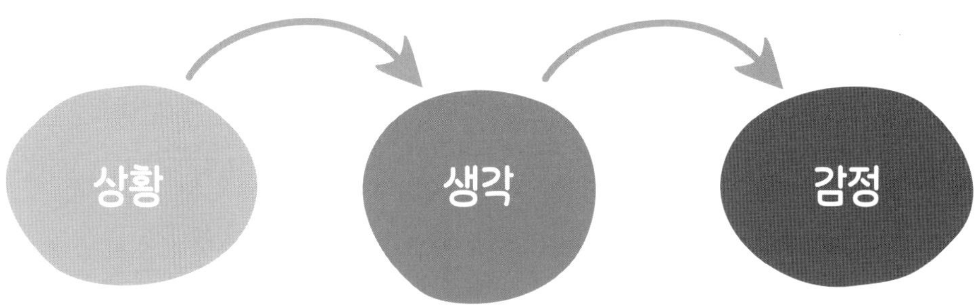

상황	생각	감정	무엇을 할 수 있을까요?	무슨 일이 일어날까요?	친절하고 돌보는 방식으로 자신에게 어떻게 말할 수 있을까요?
새로운 곳으로 학교 현장 학습을 가는 것.	무슨 일이 생길지 몰라서 막막하고 걱정돼.	불안, 초조함.	현장학습에 간다. 내 걱정은 나와 함께 갈 수 있다.	친구들과 함께 재미있게 놀고 흥미로운 것들을 배울 것이다. 나는 내가 간 것을 기쁘게 생각할 것이다!	걱정해도 괜찮아. 나쁜 일이 일어나지 않을 거야. 전에 현장학습을 가본 적이 있잖아. 나는 괜찮을 거야!

앞으로 어려움이 생길 것 같은 상황에 도움이 되는 나만의 표를 작성할 수 있어요. 글을 쓸 수 있는 빈칸도 만들어 보세요. 위 표의 양식을 그대로 사용하세요. 표를 채우다 보면 행동 계획을 세우는 데 도움이 될 거예요. 또한 자신에게 친절하고 배려하는 방식으로 말하는 데에도 도움이 될 거예요.

상황	생각	감정

무엇을 할 수 있을까요?	무슨 일이 일어날까요?	친절하고 돌보는 방식으로 자신에게 어떻게 말할 수 있을까요?

활동 40 단어 찾기

아래의 단어 찾기에는 여러분이 이 장에서 배운 '자신을 친절하게 대하고 돌보는' 단어들이 들어 있어요. 이 단어들을 찾아보며 이 장에서 배운 내용을 기억해 보세요.

자상한	**상상하기**	**강한**
진정되는	**계속하기**	**소개**
돌보는	**친절한**	**생각**
코치	**마음**	**잘했어**
감정	**평화로운**	**너는 할 수 있어**
수고했어		

위에 제시된 단어들을 다음 페이지에서 찾아 동그라미로 표시하거나 연한 색연필로 색칠해 보세요.

힌트: 단어들은 가로(왼쪽에서 오른쪽), 세로(위에서 아래)로 나타나 있어요.

					수	아	신	상	상	하	기					
			만	다	고	름	체	력	무	다	확	장	코			
		자	울	가	했	다	감	균	놓	아	주	기	치	편		
	모	비	잘	했	어	움	각	형	마	정	의	로	움	안	체	
	험	독	립			참	을	성	음	존			힘	함	력	
행	조	심	성			진	정	되	는	경			연	설	관	선
동	움	있	상			몰	입	의	결	평			상	상	력	택
다	양	성	호			호	기	심	함	등			각	자	얼	하
그	시	이	의	고	에	너	는	할	수	있	어	행	복	유	활	기
대	친	해	건	강	알	아	차	림	령	시	의	사	소	개	감	정
로	절	안	전	한	진	내	려	놓	기	평	침	착	함	존	마	리
두	한	소		명	예	자	기	표	현	화	인	반		경	법	더
기	다	속			재	치	용	초	월	로	내			하	지	십
	루	감	돌			차	분	한	자	운			생	신	팡	
	사	랑	보	람								분	각	뢰	이	
		지	는	민	는	유	머	재	사	려	깊	음	영	성		
			균	형	보	물	상	자	리	용	서	재	미			
					고	마	리	계	속	하	기					

기억할 것:

자신을 친절하게 대하고 돌보기

- 어렵다고 생각되는 일을 시도했을 때는, 끝난 후에 자신에게 잘했고, 좋은 시도였고, 수고했다고 말해 보세요.

- 친절하고 자상한 코치를 상상해 보세요. 여러분이나 팀이 정말 열심히 노력할 때, 그 코치는 뭐라고 말할까요?

- 여러분을 아끼는 사람이 여러분에 대해 소개할 때 뭐라고 말할까요?

- "너는 할 수 있어"와 같이 자신을 친절하게 대하고 돌보는 연습을 하는 데 도움이 되는 말을 생각해 보세요.

- 내 마음과 친구가 되어 보세요. 반대편 어깨에 한 손을 얹고 "괜찮아. 이겨낼 수 있을거야. 나는 네가 자랑스러워!"라고 말해 보세요.

- 평화롭다고 느끼는 차분하고 조용한 장소를 상상해 보세요. 그런 다음 친절하고 자상한 방식으로 자신에게 이야기하세요.

- 슬프거나, 걱정되거나, 화가 날 때 무엇을 할 수 있는지, 무슨 일이 일어날지, 어떻게 친절하고 자상하게 자신에게 말할 수 있을지 스스로에게 물어보세요.

프린트할 수 있는 자료는 QR코드를 활용하거나 https://libertyactcure.page24.app/board/05d7b2/read?mcode=1314&board_id=159&midx=4에서 확인할 수 있습니다.

6장

모두 함께 정리하기

이 책에서 여러분은 생각과 감정을 다루는 새로운 방법들을 배웠죠. 이 방법들에는 다음의 내용이 포함되어 있어요.

- ‘그대로 두기’와 ‘내려놓기’(2장)
- ‘중요한 것 선택하기’와 ‘중요한 것 하기’(3장)
- ‘현재에 머물기’와 ‘자신을 알아차리기’(4장)
- ‘자신을 친절하게 대하고 돌보기’(5장)

이 장에서는 지금까지 배운 모든 것을 하나로 정리해 볼 거에요. 또한, 여러분의 생각과 감정을 다루는 데 도움이 되는 추가 활동 두 가지를 소개하려고 해요.

활동 41 나만의 팀 만들기

생각과 감정을 다루기 힘들 때, 도움을 요청할 수 있는 사람을 떠올려 보세요. 그 사람은 부모님이나 가족 중 한 사람, 친구, 선생님, 또는 다른 사람일 수도 있어요. 여러 사람에게 도움을 요청할 수 있도록 준비해 두는 것이 좋아요. 만약 한 사람이 바쁘거나 곁에 없을 수도 있으니까요. 여러분은 혼자서 모든 생각과 감정을 다룰 필요가 없어요. 특히 생각과 감정이 너무 강할 때는 더 그렇죠. 도움을 요청하는 것은 괜찮은 일이에요!

지금, 걱정되거나 슬프거나 화가 나거나 다른 강한 감정을 느낄 때, 도움을 요청할 수 있는 5명의 이름을 적어보세요. 이 활동을 통해 여러분만의 지원팀을 만들어 보세요. 나중에 생각과 감정을 다루는 데 도움이 필요할 때, 누구에게 도움을 요청할지 쉽게 알 수 있을 거예요.

나의 팀

활동 42 나만의 대처 도구 상자

이 책을 다시 살펴보면서, 당신의 생각과 감정을 다루는 데 가장 도움이 될 것 같은 방법을 골라보세요.

가장 도움이 된 방법 옆에 체크 표시를 해두세요. 나중에 이 페이지를 보면 기억을 떠올리고 다시 활용할 수 있을 거예요.

○ 신경 쓰이는 감정을 재는 자(감정의 자) · 28
○ 생각과 감정은 언제 나타날까요? · 31
○ 신체-감정 지도 · 33
○ 내 감정은 어떻게 생겼을까요? · 36
○ '아이스크림'을 생각하지 마세요 · 42
○ 생각을 그대로 두기 · 43
○ 생각과 감정을 초대하기 · 45
○ 생각과 감정에게 인사하기 · 50
○ 반짝이 병 만들기 · 53
○ 휴대폰 문자 보내기 · 56
○ 생각에 영화 제목 붙이기 · 58
○ 관람차 상상하기 · 60
○ 생각을 노래로 부르기 · 62
○ 비눗방울 불기 · 63
○ 내가 소중히 여기는 것들 · 70
○ 마법의 지팡이 · 72
○ 중요한 것을 하기 위한 일정표 만들기 · 74
○ 보물 상자 만들기 · 79
○ 무엇을? 어떻게? 어떤 것? · 82
○ 흐느적거리는 문어 · 94
○ 음식을 먹으며 현재에 머물기 · 96
○ 숨을 쉬며 현재에 머물기 · 98
○ 잠들기 전 현재에 머물기 · 99
○ 정지 신호 표지판 상상하기 · 100
○ 감정의 산 · 102
○ 바닷속에서 · 104
○ 열기구 타기 · 106
○ 나무 위의 나뭇잎 · 108
○ 고요한 배 · 110
○ 친절하고 자상한 말을 담은 병 · 117
○ 소중한 사람에 대해 소개하기 · 120
○ 문장 떠올리기 · 121
○ 내 마음과 친구 되기 · 122
○ 차분하고 평화로운 장소 상상하기 · 124
○ 생각, 감정, 그리고 행동 · 126
○ 나만의 팀 만들기 · 136

이제 마칠 시간이에요! 잘 느끼고, 잘 지내요. 응원할게요!

이제 이 책을 읽고 활동을 마쳤으니, 생각과 감정을 다루는 새로운 방법들을 많이 배웠을 거예요. 이 책은 언제든 다시 읽을 수 있으니 필요할 때 꺼내 보세요. 또는 활동 중 하나나 두 개를 골라서 연습해 볼 수도 있어요.

복습을 위해 '기억할 것' 페이지를 프린트해서 방에 붙여두는 것도 좋을 거예요. (프린트할 수 있는 자료는 QR코드를 활용하거나 https://libertyactcure.page24.app/board/05d7b2/read?mcode=1314&board_id=159&midx=4에서 확인할 수 있습니다.) '기억할 것'을 읽으면서 배운 것들을 떠올리고, 슬프거나, 걱정되거나, 화가 나거나, 다른 강한 감정을 느낄 때 활용해 보세요.

새로운 기술을 매주 두세 번 연습해 보길 추천해요. 그러면 점점 더 잘 사용할 수 있게 되고, 필요할 때 자연스럽게 떠올릴 수 있을 거예요.

응원할게요!

참고문헌

Black, T. D. 2022. *ACT for Treating Children: The Essential Guide to Acceptance and Commitment Therapy for Kids*. Oakland, CA: New Harbinger Publications.

Gilbert, P. 2009. *The Compassionate Mind: A New Approach to Life Challenges*. London: Constable.

Harris, R. 2009. *ACT Made Simple: An Easy-to-Read Primer on Acceptance and Commitment Therapy*. Oakland, CA: New Harbinger Publications.

Harris, R. 2007. *The Happiness Trap: Stop Struggling, Start Living*. Wollombi, NSW, Australia: Exisle Publis hing.

Hayes, S. C., and S. Smith. 2005. *Get Out of Your Mind and Into Your Life: The New Acceptance and Commitment Therapy*. Oakland, CA: New Harbinger Publications.

Hayes, S. C., K. D. Strosahl, and K. G. Wilson. 1999. *Acceptance and Commitment Therapy: An Experiential Approach to Behavior Change*. New York: Guilford Press.

Twohig, M. P. "ACT for Anxiety Disorders." Two-day workshop presented at the Association for Cont extual Behavioural Science Australia and New Zealand Chapter Annual Conference, Sunshine Co ast, Australia, 2014.

ACT 활동 참고문헌

Activity 8: Inviting Your Thoughts and Feelings. Adapted from Coyne, L. W. "Using ACT with Childr en, Adolescents and Parents: Getting Experiential in Family Work." Conference session presented at the Australian Psychological Society Child, Adolescent, and Family Psychology Interest Group, Adelaide, SA, Australia, 2011.

Activity 15: Singing Your Thoughts. Adapted from Hayes, S. C., and S. Smith. 2005. *Get Out of Your Mind and Into Your Life: The New Acceptance and Commitment Therapy*. Oakland, CA: New Harbinger Publ ications.

Activity 24: Floppy Octopus. Adapted from Saltzman, A. and P. Goldin. 2008. "Mindfulness-Based Str ess Reduction for School-Age Children." In L. A. Greco and S. C. Hayes (Eds.), *Acceptance and Mindfulness Treatments for Children and Adolescents: A Practitioner's Guide*(pp. 139–161). Oakland, CA: New Harbinger Publications.

Activity 25: Staying Here While Eating. Adapted from Saltzman, A., and P. Goldin. 2008. "Mindfulness-Based Stress Reduction for School-Age Children." In L. A. Greco and S. C. Hayes (Eds.), *Acceptance and Mindfulness Treatments for Children and Adolescents: A Practitioner's Guide*(pp. 139–161). Oakland, CA: New Harbinger Publications.

Activity 30: Under the Sea. Adapted from Hayes, S. C., and S. Smith. 2005. *Get Out of Your Mind and Into Your Life: The New Acceptance and Commitment Therapy.* Oakland, CA: New Harbinger Publications.

Activity 33: Still, Quiet Ship. Adapted from Coyne, L. W. 2011. "Using ACT with Children, Adolescen ts and Parents: Getting Experiential in Family Work." Conference session presented at the Austral ian Psychological Society Child, Adolescent, and Family Psychology Interest Group, Adelaide, SA, Australia, 2011.

Activity 38: Imagining a Calm and Quiet Place. Adapted from Bluth, K. 2017. *The Self Compassion Workbook for Teens: Mindfulness and Compassion Skills to Overcome Criticism and Embrace Who You Are.* Oakland, CA: New Harbinger Publications, and Neff, K., and C. Germer. 2018. *The Mindful Self-Compassion Workbook: A Proven Way to Accept Yourself, Build Inner Strength, and Thrive.* New York: Guilford Press.

Activity 39: Thoughts, Feelings, and Actions. Adapted from Kolts, R. L. 2016. *CFT Made Simple: A Clinician's Guide to Practicing Compassion-Based Therapy.* Oakland, CA: New Harbinger Publications.

지은이

타마르 D. 블랙(Tamar D. Black)

교육 및 발달심리학자로 호주 멜버른 빅토리아에서 개인 상담 클리닉을 운영하며 아동, 청소년, 성인 및 부모를 대상으로 ACT 상담을 제공하고 있다. 또한, 경력이 짧은 심리학자부터 숙련된 심리학자에 이르기까지 임상 수련 감독을 폭넓게 제공한 풍부한 경험을 가지고 있다. 수련 중인 임상가와 교사들을 대상으로 수용전념치료[ACT] 교육도 진행하며, 전문가용 지침서인 『아동 · 청소년을 위한 수용전념치료』의 저자이다.

러스 해리스(Russ Harris)

추천의 글을 쓴 러스 해리스는, 전 세계적으로 명성을 얻은 수용전념치료(Acceptance and Commitment Therapy, ACT) 전문가이자, ACT 기반의 베스트셀러 자기계발서 『행복의 함정(The Happiness Trap)』의 저자이다. 이 책은 100만 부 이상 판매되었으며, 30개 언어로 번역 출간되었다.

옮긴이

심리학자 송승훈

한국인지행동치료학회 CBT전문가, 수련감독자
한국심리학회 공인 건강, 임상 및 상담심리전문가, 수련감독자
보건복지부 공인 정신건강임상심리사 1급
마음사랑의 집, 수용전념치료 익스턴 과정 1기 수료
자유ON 심리상담센터/ACT인지행동치료연구소 원장
ACT인지행동치료연구회 회장, ACT트레이너
이메일: actcure@hanmail.net

심리학자 한송이

한국인지행동치료학회 CBT전문가, 수련감독자
한국심리학회 공인 건강 및 상담심리전문가, 수련감독자
보건복지부 공인 임상심리사 1급
마음사랑의 집, 수용전념치료 익스턴 과정 1기 수료
ACT인지행동치료연구회

심리학자 김나희

한국심리학회 공인 건강 및 임상심리전문가
보건복지부 공인 정신건강임상심리사 1급
ACT인지행동치료연구소, 수용전념치료 익스턴 과정 1기 수료
ACT인지행동치료연구회

심리학자 김민정
한국심리학회 공인 건강심리전문가
보건복지부 공인 정신건강임상심리사 1급
ACT인지행동치료연구소, 수용전념치료 익스턴 과정 1기 수료
ACT인지행동치료연구회

ACT인지행동치료연구회
ACTA(Acceptance commitment & Cognitive behavioral Therapy Association)는 인지행동치료 우산 아래 수용전념치료, 마음챙김, 과정 기반 심리치료를 공부하고 상담 및 임상에 적용하며 연구하는 국내의 심리치료자 모임이다. 역서로 『우울과 수치심의 수용전념치료』, 『트라우마 초점 심리치료 ACT』, 『수용전념치료 매트릭스와 유연한 프레임』, 『심리적 위기를 통합하는 수용전념치료』, 『아동 · 청소년을 위한 수용전념치료』 등이 있다.
이메일: actinst@hanmail.net

아동 · 청소년을 위한 수용전념치료 워크북

초판 1쇄 인쇄 2025년 10월 22일
초판 1쇄 발행 2025년 10월 29일

지은이 | 타마르 D. 블랙
옮긴이 | 송승훈, 한송이, 김나희, 김민정, ACT인지행동치료연구회
펴낸이 | 소정영

펴낸곳 | 도서출판 하나의학사
출판신고 | 1988년 4월 1일 제2022-000082호

주소 | 서울특별시 송파구 동남로 159, 302호(한흥빌딩)
전화 | 02-730-2555, 2556 **팩스** | 02-730-2557
이메일 | hanampc1@naver.com
홈페이지 | www.hanampc.co.kr

ISBN 979-11-91658-66-8 93180